VIOLÃO**FINGERSTYLE**
AVANÇADO

Domine as Técnicas Modernas de Violão Fingerstyle Com Daryl Kellie

DARYL**KELLIE**

FUNDAMENTAL**CHANGES**

Violão Fingerstyle Avançado

Domine as Técnicas Modernas de Violão Fingerstyle Com Daryl Kellie

Publicado por www.fundamental-changes.com

Copyright © 2019 Daryl Kellie

Editado por Tim Pettingale

Tradução: Elton Viana

ISBN: 978-1-78933-130-1

www.fundamental-changes.com

Twitter: **@guitar_joseph**

Mais de 10.000 curtidas no Facebook: FundamentalChangesInGuitar

Instagram: **FundamentalChanges**

Para mais de 350 aulas gratuitas de guitarra com vídeos, confira:

www.fundamental-changes.com

Contents

Introdução

Com o crescimento de plataformas on-line, como YouTube e Instagram, muitos violonistas que tocam em certos "nichos" — ou que são conhecidos por técnicas incomuns — ganharam fama, similar àquela reservada aos violonistas mais famosos. Um nicho que tem crescido consideravelmente, por causa da sua divulgação na internet, é o do violão fingerstyle moderno. Devido à sua natureza altamente visual e extravagante, ele se torna interessante de escutar, além de ser agradável.

O termo "Violão Fingerstyle Moderno" representa uma abordagem multifacetada de tocar violão e, neste livro, esse será o termo utilizado para definir o que é a essência do estudo de violão moderno. Ele inclui tudo, desde "Travis picking" e "harmônicos de harpa", de violonistas como Tommy Emmanuel, até as afinações personalizadas e o modo percussivo de tocar violão, de Michael Hedges. Este livro tem como objetivo introduzir os violonistas, de nível intermediário ao avançado, às técnicas e aos conceitos mais importantes que são amplamente utilizados no estilo fingerstyle, além de lhe fornecer peças completas, para que você desenvolva o seu repertório. Se essa for a primeira vez que você ouve falar no termo "violão fingerstyle", você terá a oportunidade de aprender como executar as várias técnicas desse estilo.

Lembro-me da primeira vez que ouvi Jon Gomm e Andy Mckee. Fiquei completamente surpreendido, tanto pela sua facilidade de executar partes técnicas, como pela sua profundidade de emoção e expressão. Eu era um violonista bastante proficiente no estilo fingerstyle, pois havia estudado violão clássico na adolescência, além de ter estudado um pouco sobre arranjos com *standards* de jazz. No entanto, a habilidade dos músicos acima era de outro planeta!

Na época, não havia um livro que fosse referência sobre essas técnicas, assim eu estudava assistindo e pausando os vídeos dos meus violonistas preferidos, sempre tentando imitar as suas técnicas. Hoje, mais de uma década depois, a minha esperança é que este livro lhe ajude a tocar violão fingerstyle e a tornar o seu processo de aprendizado mais eficiente e simples.

Este livro foi escrito tendo como base vários estudos técnicos, e cada um deles se relaciona com uma técnica específica. A complexidade das técnicas aumenta, conforme você for avançando pelos capítulos. Cada capítulo contém diversos pequenos exemplos, que podem ser tirados diretamente das peças musicais, na forma de "notas de performance", ou que são simplesmente exercícios para lhe ajudar a desenvolver a fluência técnica necessária para tocar a peça de estudo. No final de cada capítulo, você encontrará a notação completa da peça, e há, além disso, um vídeo exemplificando cada uma delas.

Espero que você ache o aprendizado dessas técnicas e conceitos tão divertido e gratificante quanto eu achei.

Boa sorte!

Daryl

Dezembro 2018

Acesse os Áudios

Os arquivos de áudio deste livro estão disponíveis para download gratuitamente em: **www.fundamental-changes.com.** O link está no canto superior direito. Simplesmente selecione este título de livro no menu e siga as instruções para obter o áudio.

Recomendamos que você transfira os arquivos diretamente para o seu computador, não para o seu tablet, e extraia-os lá, antes de adicioná-los à sua biblioteca multimídia. Em seguida, você pode colocá-los no seu tablet, iPod ou gravá-los em um CD. Na página de download há um PDF de ajuda, e também fornecemos suporte técnico através do formulário de contato.

Para mais de 350 lições de guitarra grátis com vídeos, confira:

www.fundamental-changes.com

Twitter: **@guitar_joseph**

Mais de 10.000 curtidas no Facebook: **FundamentalChangesInGuitar**

Instagram: **FundamentalChanges**

Acesse os Vídeos

*São **15 vídeos** que acompanham este livro!*

Cada peça de estudo é tocada na íntegra, para que você possa ver exatamente como ela deve ser executada. Além disso, muitos dos exemplos que demonstram técnicas especiais têm vídeos de acompanhamento, para ajudar-lhe a aprendê-los rápida e facilmente.

Todos os vídeos podem ser encontrados no site da Fundamental Changes, através do link:

http://geni.us/acousticvids

Capítulo 1 – Desenvolvendo A Mão Direita

Um dos maiores obstáculos para os violonistas que começam a estudar violão fingerstyle, após ter estudado guitarra, tende a ser o desenvolvimento da técnica da mão direita. Os guitarristas frequentemente se sentem mais confortáveis usando uma palheta, assim o obstáculo imediato será o de tocar com dedilhado. Há livros inteiros dedicados a essa técnica, por isso o objetivo deste capítulo é o de transmitir o *essencial* aos violonistas que estão adentrando nesse estilo e o de ajudar no desenvolvimento da independência do polegar e dos outros dedos, algo que será necessário para o seu progresso no violão.

Para começar o dedilhado, é importante prestar atenção à posição do braço e da mão.

Repouse o seu antebraço, na área próxima ao cotovelo, na parte de cima do corpo do violão.

Deixe que o seu pulso se curve ligeiramente, para que você possa tocar as cordas com os dedos.

Evite apoiar a mão ou os dedos no corpo do violão (há situações e técnicas que exigem isso, mas, neste capítulo, as cordas devem ser o único ponto de contato com sua mão).

Aqui estão alguns exercícios simples para ajudar a desenvolver a coordenação e a independência nos dedos da mão direita.

No exemplo 1a, cada corda deve ser dedilhada com um dedo diferente.

- O polegar (**P**) dedilha a corda Mi (6ª corda)

- O dedo indicador (**I**) dedilhar a corda Sol

- O dedo médio (**M**) dedilha a corda Si

- E o dedo anelar (**A**) dedilha a corda Mi (1ª corda)

No início, execute os exemplos seguintes em cerca de 60 batidas por minuto (BPM). É sempre melhor começar devagar e tocar com precisão, antes de aumentar a velocidade. Quando você estiver confortável com um exercício em particular, aumente gradualmente a velocidade em incrementos não superiores a 5 BPM, particularmente após 10 repetições de um dado exercício.

O exemplo 1a apresenta um padrão simples de dedilhado, com o acorde de E menor. Mantenha as notas do acorde pressionadas do começo ao fim (faça o mesmo até o exemplo 1e).

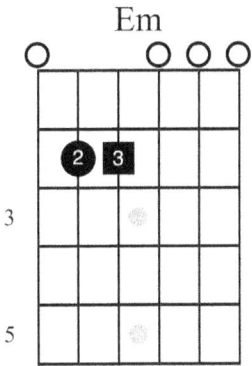

Em

Exemplo 1a

O exemplo 1b expande o exercício anterior, ao adicionar uma nota grave variável. Use apenas o dedo **P** para tocar essas notas graves, enquanto se certifica de que as cordas Sol, Si e Mi (1ª corda) estejam sendo dedilhadas com os dedos **I**, **M** e **A,** respectivamente. O padrão correto de dedilhado está incluído na notação.

Exemplo 1b

No exemplo 1c, você precisará alternar rapidamente entre o polegar e os outros dedos. Tenha cuidado para não permitir que um mesmo dedo toque notas em cordas adjacentes. Tal como no exemplo 1b, o único dedo a mudar de posição deve ser o polegar (**P**).

Exemplo 1c

No exemplo 1d, utilize os dedos indicador (**I**) e anelar (**A**) para alternar entre as cordas. Eles devem mover-se juntos e paralelamente um ao outro, mantendo a lacuna de uma corda. Enquanto isso, o polegar alterna entre as cordas graves, para formar uma linha de baixo nas lacunas deixadas pelas outras notas.

Repare que uma mesma nota é tocada consecutivamente (nota E, corda Ré, 2ª casa), porém ela é dedilhada com dois dedos diferentes (primeiro com o dedo **I**, depois com o dedo **P**).

Exemplo 1d

O *tremolo* é uma técnica utilizada frequentemente por violonistas clássicos e ainda é uma ferramenta valiosa no repertório do violonista de fingerstyle moderno. O tremolo constrói uma textura distinta, a partir de um fluxo aparentemente interminável de notas numa só corda, mantendo as outras cordas livres para a execução de linhas de baixo, melodias e acordes. No exemplo 1e, os dedos anelar (**A**), médio (**M**) e indicador (**I**) são utilizados na mesma corda. Isso é o que torna possível a rápida repetição de uma mesma nota.

Podem ser necessárias algumas tentativas, até que você domine essa habilidade, especialmente para ser capaz de tocá-la rapidamente. Talvez você precise alterar ligeiramente a posição da mão para permitir que cada dedo execute um dedilhado igual em cada corda. Uma ligeira inclinação no sentido horário pode resolver o problema. Depois de conseguir um som uniforme das notas da corda Si, dedilhe a variada linha de baixo com o polegar.

Exemplo 1e

Independência do polegar e dos outros dedos

Quando você tiver assimilado os exemplos anteriores, a coordenação da mão direita deve estar proficiente o suficiente, para que você tente executar uma linha de baixo independente, tocada com o polegar, combinada com alguns licks de blues, tocados nas cordas superiores com os dedos restantes. Os exemplos a seguir são um guia passo a passo das habilidades necessárias para tocar a peça *Riverside Blues*, no estilo fingerstyle, no final deste capítulo.

O exemplo 1f introduz o *movimento contrário*. Esse é um recurso pelo qual uma linha ascende, enquanto outra descende. Neste caso, a linha de baixo sobe, enquanto a melodia desce. Sugiro que você aprenda primeiro a parte da melodia e depois acrescente a linha de baixo, quando você estiver se sentindo confiante.

Utilize os dedos já especificados para dedilhar as notas das cordas Mi (1ª corda) e Si e o polegar para dedilhar a linha de baixo ascendente, nas cordas mais graves. Trate cada batida como um desenho de acorde diferente. Na batida 1, utilize o dedo 4 para digitar a nota E, na 5ª casa, para que uma digitação lógica possa ser feita nas notas descendentes seguintes.

No compasso 2, use a unha do dedo **I** para executar o dedilhado.

No final, retire todos os dedos da mão esquerda do braço do violão, exceto o dedo 2, na corda Lá, e utilize o dedo 1 para executar um *hammer-on*. Ouça o áudio de exemplo, para ouvir como o exemplo deve soar.

Exemplo 1f

Depois de ter dominado essa introdução, estude a linha de baixo do exemplo 1g (dedilhada com o polegar direito), antes de aprender os licks de blues do exemplo 1h. Você combinará os licks com a linha de baixo no exemplo 1i.

Exemplo 1g

Exemplo 1h

Agora, vamos combinar ambas as partes. Tocá-las simultaneamente pode ser um desafio no início, no entanto observar na notação onde a parte do baixo e da melodia se juntam irá lhe ajudar a coordenar as duas partes. Comece tocando bem lentamente.

As notas dedilhadas com o dedo **P** têm as suas hastes voltadas para baixo, e as notas tocadas com os outros dedos têm as suas hastes voltadas para cima.

As ênfases ocorrem principalmente nos espaços entre as notas graves. Esse é um "truque" comum neste tipo de blues, pois cria a ilusão de uma textura harmônica mais espessa. Você deverá, ocasionalmente, mudar de posição para tocá-lo.

No link a seguir, há um vídeo que exemplifica o exemplo abaixo: **http://geni.us/acousticvids**

Exemplo 1i

O exemplo 1j continua da mesma forma e, em seguida, adiciona uma passagem no compasso dois. Utilize os dedos 1 e 2 para tocar o *hammer-on* e o *pull-off*.

Preste atenção às pestanas ocasionais que devem ser executadas com o dedo 1 (presentes no compasso três, batida 2 e no compasso quatro, batidas 2 e 4).

Exemplo 1j

No exemplo 1k, utilize uma digitação lógica para sustentar os acordes ocasionais que aparecem sobre as notas do baixo. Preste atenção ao dedilhado na batida 1 do último compasso. Na batida 3, execute uma pestana com o dedo 1, mas tenha cuidado para não abafar a corda Mi (1ª corda) solta. Ouça atentamente o áudio de exemplo, antes de executar o exemplo.

Exemplo 1k

No exemplo a seguir, use dedos os dedos 2 e 4 para executar os *slides* do lick de blues. Isso permitirá que você use os dedos 1 e 3 nas notas do baixo.

No compasso final, na batida 1, posicione o dedo 1 da mão esquerda na corda Lá e o dedo 2 na corda Ré, na 6ª casa, e com o dedo 4 execute uma pestana na 7ª casa.

Exemplo 1l

Os *slides* do licks de blues, no exemplo 1m, começam exatamente como os *slides* do exemplo anterior, mas, na batida 3, posicione o dedo 1 na corda Lá, o dedo 2 na corda Sol e então execute um *hammer-on* e um *pull-off* com o dedo 4.

Há algumas maneiras de tocar a frase no compasso três. Experimente cada uma delas, até encontrar uma que lhe seja confortável, mas essa experimentação exigirá algumas mudanças de posição. No final do terceiro compasso, posicione o dedo 4 na 5ª casa, em seguida mude de posição e use o dedo 2 para tocar a nota da 6ª casa e o dedo 4 para tocar a nota da 7ª casa.

Exemplo 1m

Agora, você provavelmente já deve ter notado que os mesmos voicings de acordes e dedilhados estão sendo usados, no entanto, há mais por trás disso. Ao tocar o próximo exemplo, preste atenção às sextas no compasso três. Para digitá-las use os dedos 4 e 3, então utilize os dedos 1 e 3 na 3ª e 4ª casas, com o dedo 2 digitando a nota do baixo.

Exemplo 1n

No Exemplo 1o, use o dedo **P**, para tocar os acordes no compasso dois.

Exemplo 1o

Inicialmente, o exemplo 1p poder parecer complicado, mas todas as notas do baixo caem na batida, e a linha melódica é composta de tercinas simples e colcheias.

A linha de baixo no compasso quatro deve ser digitada com o polegar esquerdo posicionado no topo do braço do violão (para a execução das notas nas casas 2 e 3). Isso é feito para facilitar a execução dos bends.

Exemplo 1p

No exemplo final seguinte, há mais algumas notas graves, digitadas com o polegar esquerdo posicionado sobre o topo do braço do violão, no compasso um, batida 2, 3ª casa. Também há um "pré-bend", executado no compasso dois, na batida 1, e outro executado no compasso onde há a notação "Coda".

No compasso dois do Coda, digite a nota da 12ª casa com o dedo 4 e use o dedo 2 para alcançar a nota grave na 11ª casa. Execute rapidamente um *pull-off* na corda Si, da 11ª à 10ª casa. Pratique esse movimento lentamente e não se esqueça de ouvir o áudio de exemplo.

Finalmente, no compasso 40, use os dedos 1 e 2 na batida 4 para digitar as notas das cordas Mi (1ª corda) e Sol, depois execute um *hammer-on* e *pull-off* com o dedo 3. No compasso 41, posicione o dedo 1 na corda Lá, na 2ª casa, para executar a oitava e faça um *slide* até a 12ª casa, para que o acorde de E13 possa finalizar essa peça musical.

Exemplo 1q

D.S. al Coda

Quando você estiver confortável com os exemplos anteriores, você estará pronto para tocar toda a peça *Riverside Blues*.

Gravei um vídeo da peça completa, especialmente para você. Ele está disponível no link a seguir:

http://gcni.us/acousticvids

Riverside Blues

Da Coda

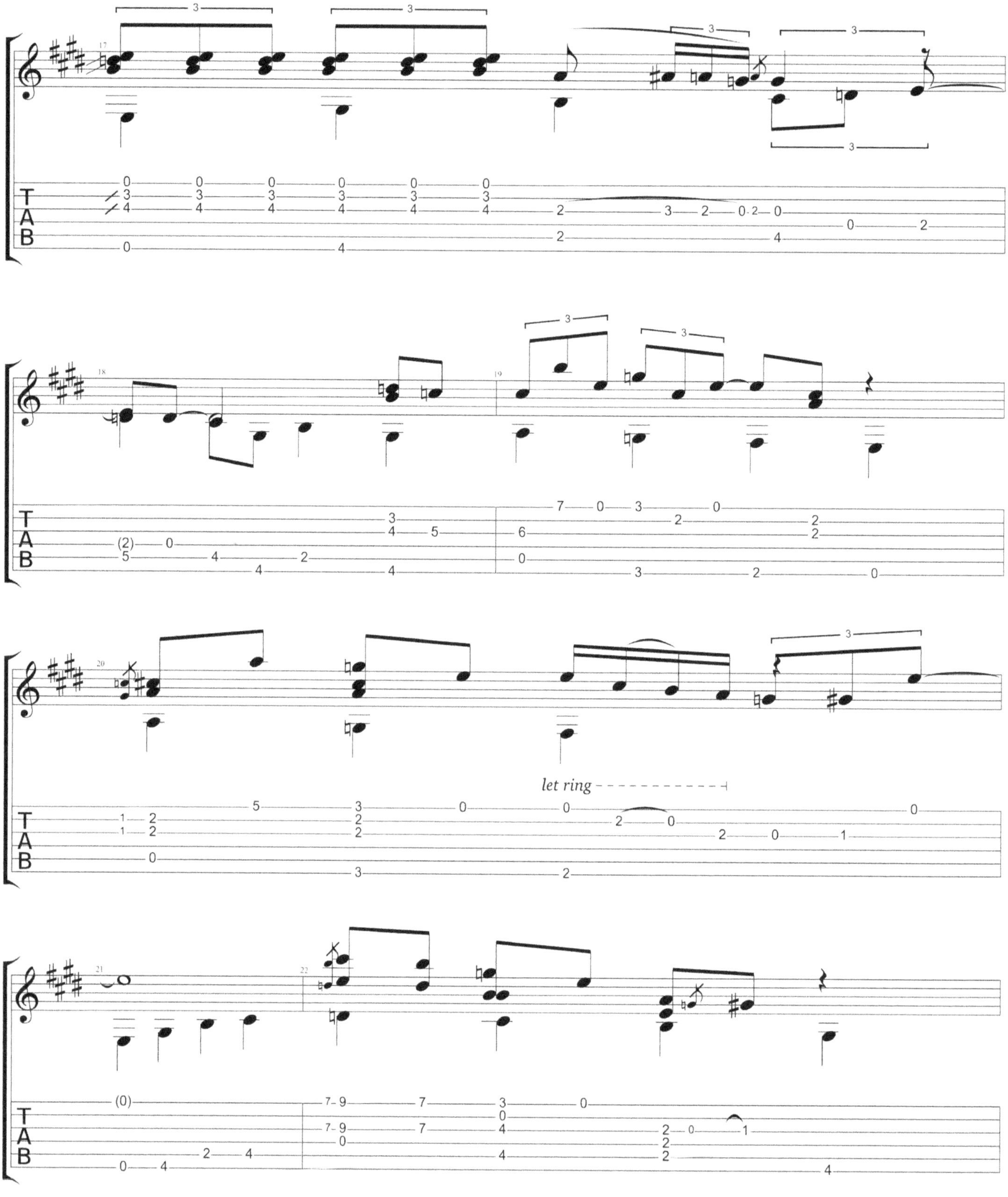
let ring

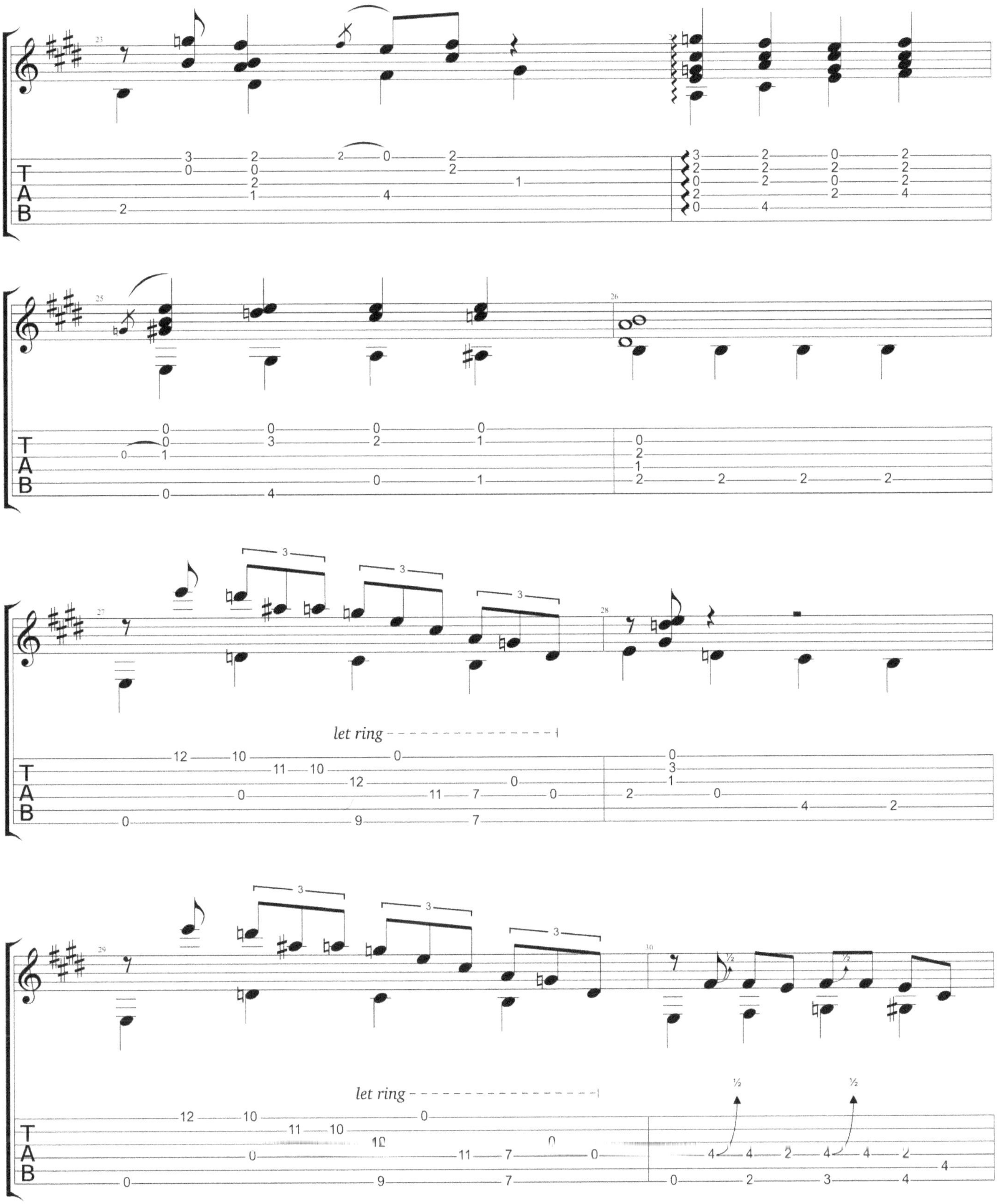
let ring
let ring
½
½

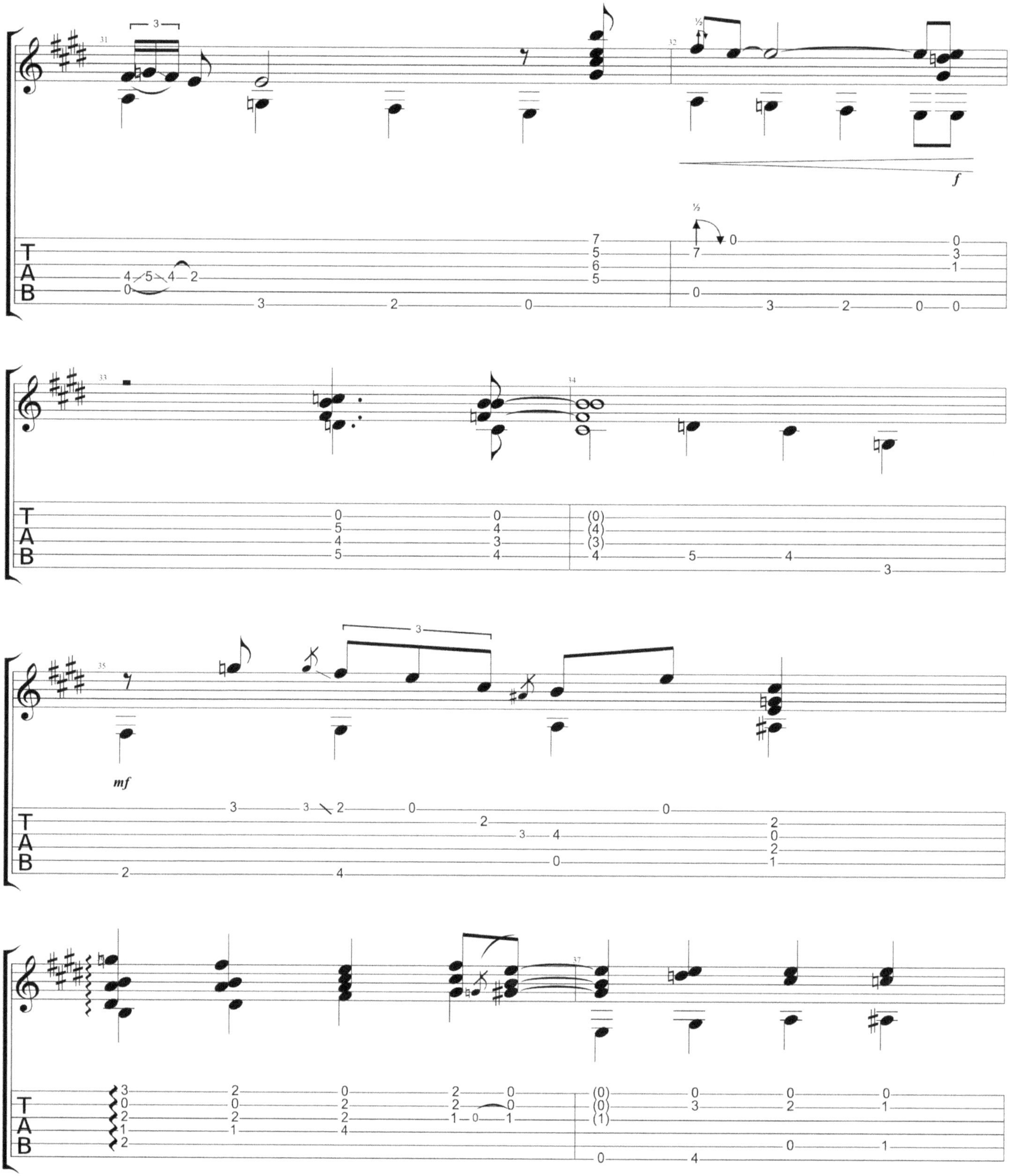
f
mf

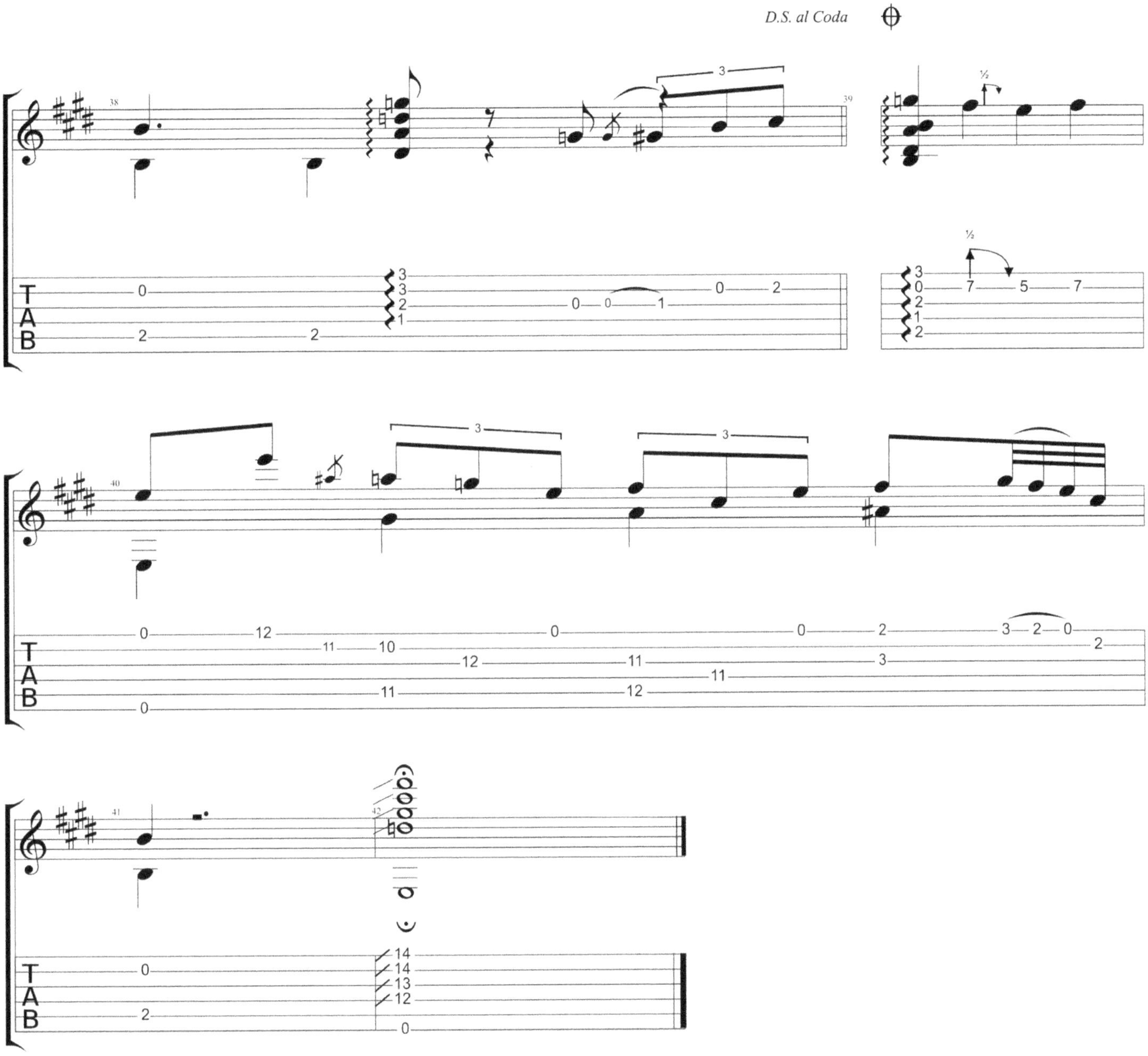
D.S. al Coda
TAB
TAB
TAB

Capítulo 2 – Afinação DADGAD

Muitos violonistas modernos experimentam afinações alternativas, para criar sons e texturas, e a afinação DADGAD é uma das mais escolhidas.

A afinação DADGAD ganhou destaque através de violonistas de música popular, como Davey Graham e Bert Jansch, nos anos 60, e tornou-se, posteriormente, um pilar dos violonistas de música celta e dos violonistas de fingerstyle. As cordas Mi (E) grave, Si (B) e Mi (E) aguda são afinadas em um tom abaixo, fazendo com que as notas das três cordas mais agudas soltas formem o acorde de Dsus4.

Utilizar afinações alteradas, no lugar das afinações padrão, pode ser assustador no início. No entanto, logo você notará que a afinação DADGAD funciona incrivelmente bem com desenhos móveis de acordes. As notas pedais com cordas soltas passam a surgir naturalmente, e é mais fácil tocar desenhos de acordes simples, porém ressonantes e simétricos.

O exemplo 2a ilustra uma progressão de acordes com alguns voicings de acordes úteis, na afinação DADGAD.

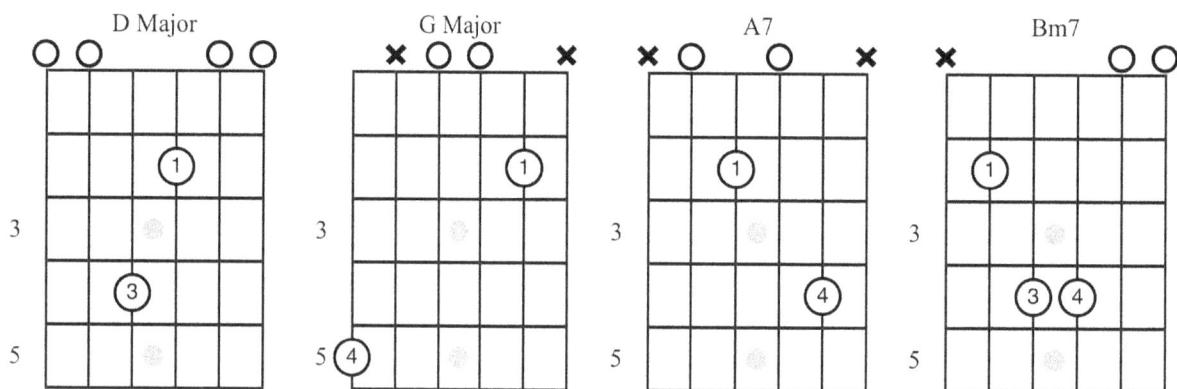

Exemplo 2a

Agora, aqui está a mesma sequência tocada como um padrão, em dedilhado, de acordes quebrados, com alguns *pull-offs* e *hammer-ons*, reminiscentes de violonistas que utilizam a afinação DADGAD, como Pierre Bensusan.

Exemplo 2b

O próximo exercício foi concebido para que você possa se familiarizar com a afinação DADGAD, ao reproduzir a escala de D maior. Observe como a afinação facilita o uso de cordas soltas sustentadas. Certifique-se de deixar que as notas soem umas sobre as outras, para conseguir um efeito mais poderoso.

Obs: Os exemplos 2c e 2d contêm vídeos para você estudar. Eles estão disponíveis no link: **http://geni.us/acousticvids**

Exemplo 2c

Os próximos exemplos se referem à primeira de duas músicas em DADGAD que incluí neste livro. A primeira é uma versão do tradicional jig irlandês, *The Blackthorn Stick*, arranjado para a afinação DADGAD. Execute os exemplos a seguir para dominar as técnicas da música, antes de tocar toda a peça.

No exemplo 2d, durante todo o compasso um, o dedo 1 é posicionado na corda Sol, na 6ª casa, e o dedo 4 é posicionado na corda Ré, na 9ª casa (da mesma forma que você digita um desenho de acorde). Este tipo de *posicionamento* permite que as notas soem umas sobre as outras.

O dedilhado da mão direita (**P, I, M, A**) está notado nos primeiros compassos. Para executar o acorde arpejado no compasso quatro, mova rapidamente os dedos **P, I** e **M**, alternando ligeiramente o tempo do dedilhado.

Exemplo 2d

Use o dedo um para tocar o *glissando* no compasso oito, no exemplo 2e. Em seguida, execute um *pull-off*, na corda solta, com o dedo 1, e dedilhe as cordas soltas seguintes, alternando os dedos (**I** e **M**) da mão direita.

Continue a alternar os dedos do dedilhado, para tocar as mesmas notas nos compassos nove e dez (o dedilhado está notado).

Exemplo 2e

Para executar a passagem final, lembre-se de alternar os dedos da mão direita, para dedilhar as cordas soltas no final, como no exemplo anterior.

Exemplo 2f

Agora ouça o arranjo completo de *The Blackthorn Stick* e assista ao vídeo a seguir, antes de tocar a peça: **http://geni.us/acousticvids**

Lembre-se de começar tocando devagar e com precisão.

The Blackthorn Stick

Agora que você já está um pouco mais familiarizado com a afinação DADGAD, aqui está um arranjo mais desafiador. Mais uma vez, veremos algumas partes da música, para nos concentrarmos nas técnicas e dedilhados necessários.

Nos compassos de um a quatro, apenas dois desenhos de acordes são utilizados. Para montar o primeiro desenho, faça uma pestana com o dedo 1, na 4ª casa. Pressione a nota da corda Mi (6ª corda), com o dedo 2. Use o dedo 3 para tocar a nota da corda Si.

No compasso cinco há um acorde arpejado. Toque-o utilizando a mesma abordagem do exemplo 2e. No compasso cinco, na batida 3, use o dedo 4 para alcançar a 7ª casa, enquanto mantém o resto do acorde pressionado.

Exemplo 2g

O novo voicing de acorde no compasso dezessete pode ser um pouco desafiador. Digite esse acorde com o dedo 2 na nota grave da corda Mi (6ª corda), o dedo 3 na corda Si, o dedo 4 na corda Mi (1ª corda) e o dedo 1 na corda Sol.

Exemplo 2h

Para montar o desenho do acorde do compasso dezoito, você precisará esticar um pouco os dedos. Posicione o dedo 1 na corda Lá, o dedo 2 na corda Sol, o dedo 3 na corda Mi (1ª corda) e o dedo 4 na corda Si.

Preste atenção ao *pull-off* no compasso 26 (use o dedo 4 para executá-lo).

No compasso 27, faça uma pestana com o dedo 1 nas três primeiras cordas, na 2ª casa. Adicione dedos 2 e 3 para digitar as notas da 3ª casa, depois digite a nota da 5ª casa com o dedo 4, enquanto mantém o acorde pressionado.

Exemplo 2i

No compasso 35, utilize o dedo 1 para pressionar a corda Mi (6ª corda), o dedo 4 para pressionar a corda Si e o dedo 2 para pressionar a corda Sol.

Mantenha esse desenho de acorde, mas não abafe cordas Mi (1ª corda) e Lá — elas são necessárias, pois uma será tocada solta e outra como um harmônico. Pressione a ponta do dedo **I** sobre o traste da 7ª casa e dedilhe a corda com o dedo **P** ou com a unha do dedo **A**.

No compasso seguinte, posicione o dedo 3 na corda Lá.

Exemplo 2j

Pela segunda vez a peça termina com alguns sons menores bastante obscuros e, às vezes, até mesmo discordantes.

No compasso 41, na batida 2, faça a digitação utilizando os dedos 2 e 3, com dedo 4 sendo utilizado para tocar a corda Mi (1ª corda), na 3ª casa.

No compasso 42, na batida 1, use os dedos 1 e 3. Na batida 2 use o dedo 2, depois o dedo 4 na batida 4.

No compasso 43, na batida 1, use os dedos 1 e 2. Na batida 2, use o dedo 3 e na batida 3 use o dedo 4.

Exemplo 2k

Assista ao vídeo a seguir (**http://geni.us/acousticvids**), antes de abordar a peça de estudo.

Gimnopédia Nº 1

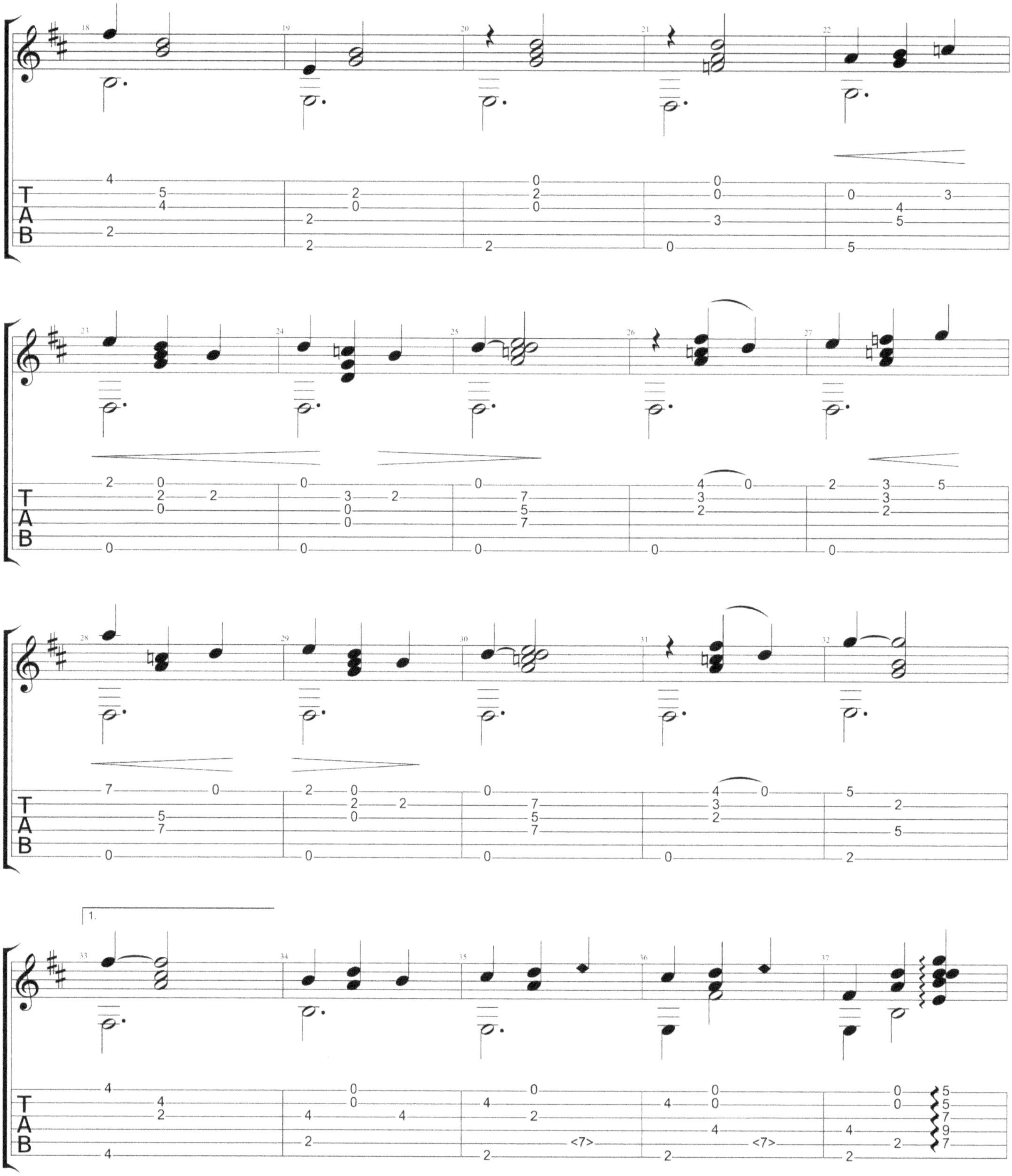

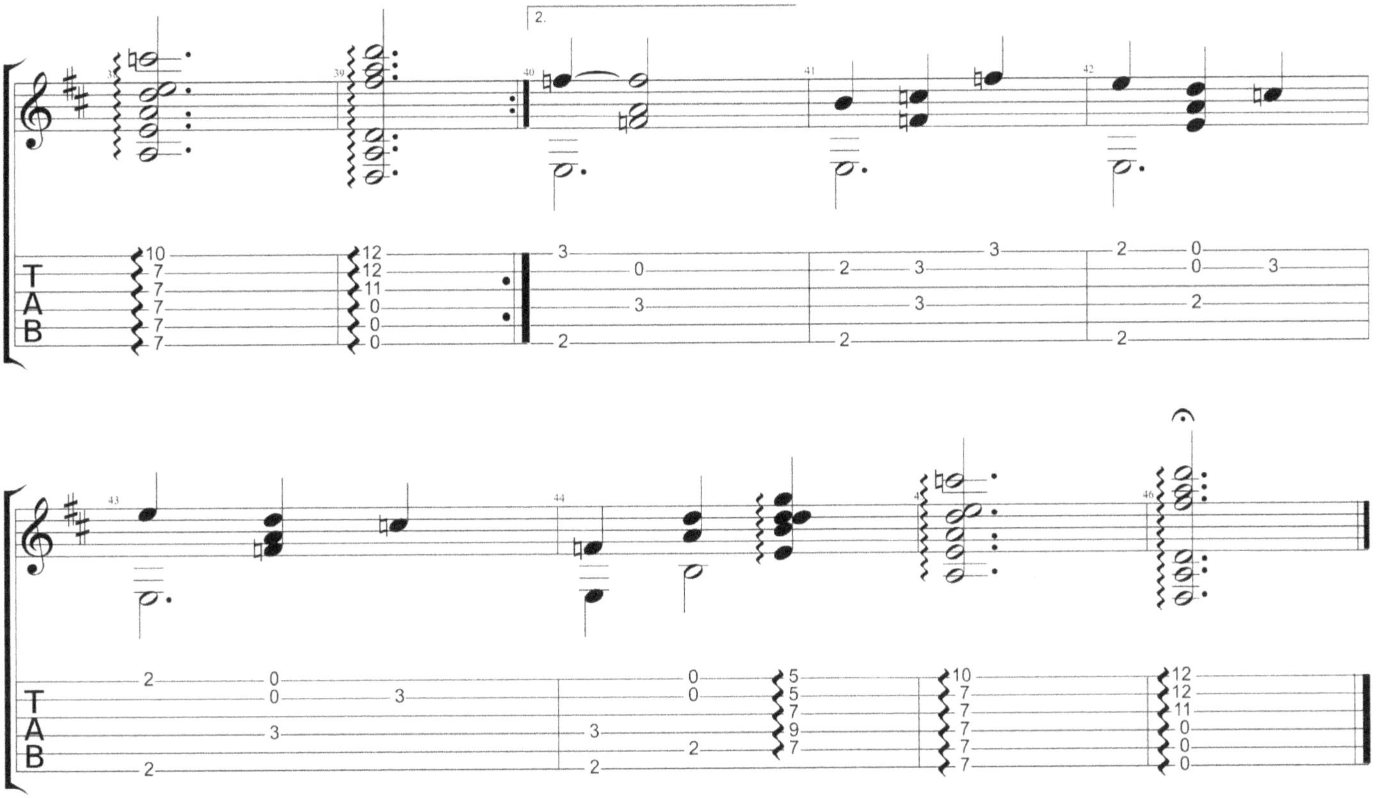
2.
TAB
TAB

Capítulo 3 – Travis Picking

O *"Travis picking"* é uma das técnicas mais proeminentes utilizadas no violão fingerstyle e deve o seu nome ao lendário músico de country Merle Travis. A técnica é executada ao tocar-se cordas alternadas com o dedo **P**, para produzir um acompanhamento de linha de baixo e/ou de acordes, enquanto os outros dedos tocam uma melodia nas cordas mais agudas.

Originalmente um pilar de country e folk, a técnica tem sido utilizada por todos os músicos, desde Tommy Emmanuel e Doyle Dykes até Paul Simon e Lindsay Buckingham.

Os exemplos aqui apresentados foram compostos na afinação padrão e pressupõe o uso de uma dedeira para polegar, como Merle Travis e Chet Atkins usavam. Se não você não tiver uma, também é válido dedilhar apenas com o polegar.

O exemplo 3a irá ajudá-lo a aprender essa técnica. Dedilhe o padrão dos acordes de C e G, mas não se esqueça de usar *apenas o polegar*. Você também deve "abafar" ligeiramente as cordas graves, repousando a mão direita próxima ao rastilho do violão.

Exemplo 3a

Agora aprenda a melodia tocada nas cordas agudas.

Exemplo 3b

Agora junte as duas partes! Para obter mais informações, assista ao vídeo do exemplo 3c:

http://geni.us/acousticvids

O polegar cuida do acompanhamento, enquanto a melodia é tocada com os outros dedos.

Exemplo 3c

Se você não estiver acostumado a tocar nesse estilo, esses exemplos podem parecer difíceis no início. O meu conselho é que você foque primeiro na parte tocada com o polegar, para ver onde as notas da melodia se alinham com as notas do baixo. Execute essas partes com um movimento uniforme.

Por exemplo, na batida um do primeiro compasso, no exemplo seguinte, a nota grave (dedilhada com o dedo **P**) e a nota melódica (dedilhada com o dedo **A)** são tocadas simultaneamente. Pratique esse movimento até que ele seja executado suavemente e, em seguida, adicione a próxima parte da frase — neste caso, a parte é composta pelas duas cordas do meio, dedilhadas simultaneamente com o polegar.

Em caso de dúvida, lembre-se que as notas dedilhadas com o polegar têm sempre as hastes viradas para baixo, e as notas dedilhadas com os outros dedos têm as hastes viradas para cima.

Tenha em mente que as cordas utilizadas na execução da melodia não devem ser abafadas, mesmo que as cordas graves o sejam. Isso exigirá que você incline ligeiramente a mão direita, no entanto essa inclinação permitirá a criação de um efeito que consiste em uma parte sólida de ritmo, combinada com uma melodia que soa claramente.

Exemplo 3d

Após ter aprendido o padrão básico de *Travis picking*, experimente tocar o mais complexo exemplo a seguir, baseado vagamente no dedilhado de *Cannonball Rag*, de Merle Travis.

Exemplo 3e

Tal como nos exemplos anteriores, comece por identificar os pontos em que as partes tocadas com o polegar e as partes tocadas com os outros dedos se alinham e pratique-as individualmente. O próximo exemplo exigirá que você dedilhe alguns pares de cordas.

Exemplo 3f

Outras Técnicas

Até o momento, abordamos alguns dos aspectos básicos do *Travis picking*, mas é claro que houve violonistas que expandiram essa técnica, adicionando as suas próprias ideias.

Aqui estão alguns exemplos inspirados no estilo de tocar banjo, de Jerry Reed. Adiante, aprenderemos uma peça completa chamada *Jerry's Roadside Assistance*, mas primeiro abordaremos detalhadamente algumas de suas partes.

No exemplo 3g você tocará uma linha melódica, que combina cordas soltas com *pull-offs*.

Comece utilizando o dedo 1 para fazer uma pestana na 5ª casa e use o dedo 3 para tocar o *hammer-on* e o *pull-off*. A próxima nota na corda Ré deve ser dedilhada com o dedo **P**.

Os *double-stops* nesse exemplo são sempre executadas com os dedos 1 e 2, e as notas seguintes (geralmente na corda Ré) são dedilhadas com o polegar.

Os exemplos 3g e 3h incluem videoaulas, elas estão disponíveis em: **http://geni.us/acousticvids**

Exemplo 3g

No exemplo 3h, escolha cuidadosamente os dedos do dedilhado.

Essa é uma ideia semelhante à da "escala com cordas soltas" do último capítulo, porém com alguns *pull-offs* e *slides* adicionais.

Exemplo 3h

O exemplo 3i utiliza um padrão repetitivo de dedilhado:

- O polegar (P) dedilha as cordas Ré e Lá, e a corda Mi (6ª corda) no final
- O dedo 1 (I) dedilha a corda Sol
- O dedo 2 (M) dedilha a corda Si
- O dedo 3 (A) dedilhar a corda Mi (1ª corda)

Exemplo 3i

O exemplo 3j utiliza um lick que apresenta *hammer-ons* na corda Sol, seguidos por um movimento até a corda Mi (1ª corda). Utilize o dedo **P** para dedilhar as notas da corda Sol e o dedo **A** para dedilhar as notas da corda Mi (1ª corda).

Exemplo 3j

No link a seguir, há um estudo completo no estilo do grande mestre do dedilhado com o polegar, Jerry Reed:
http://geni.us/acousticvids

Jerry's Roadside Assistance

Afinação padrão

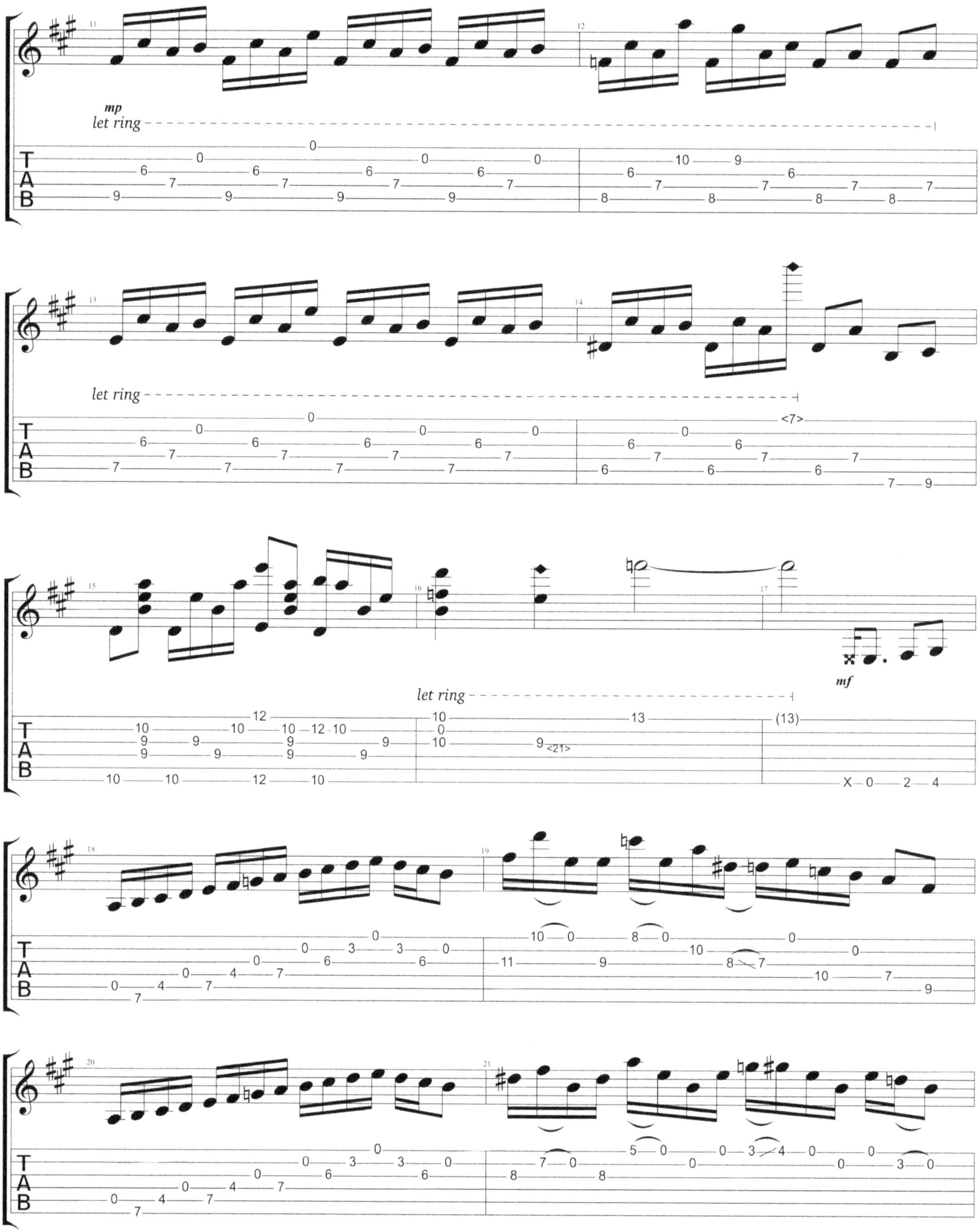
mp
let ring
let ring
let ring
mf

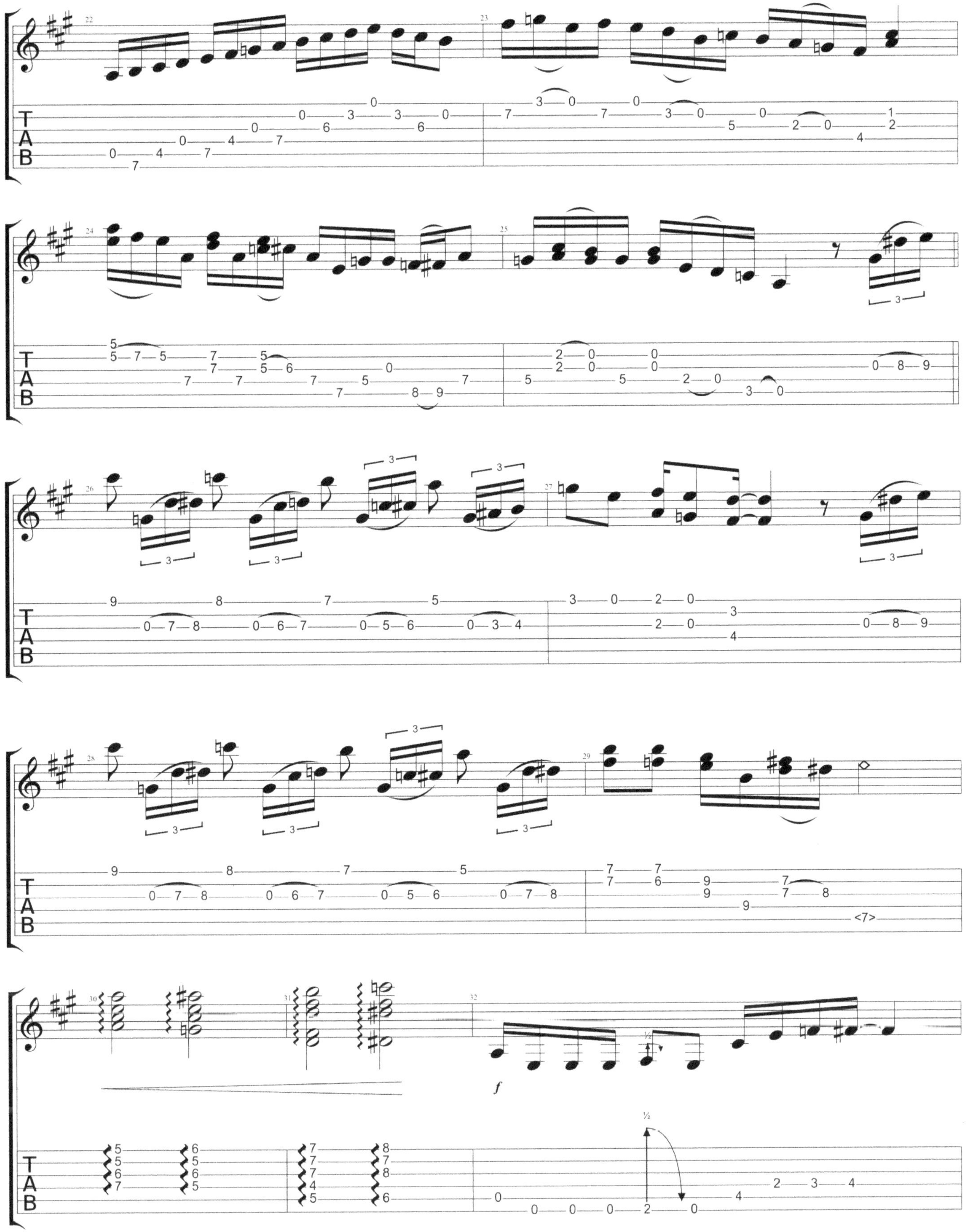

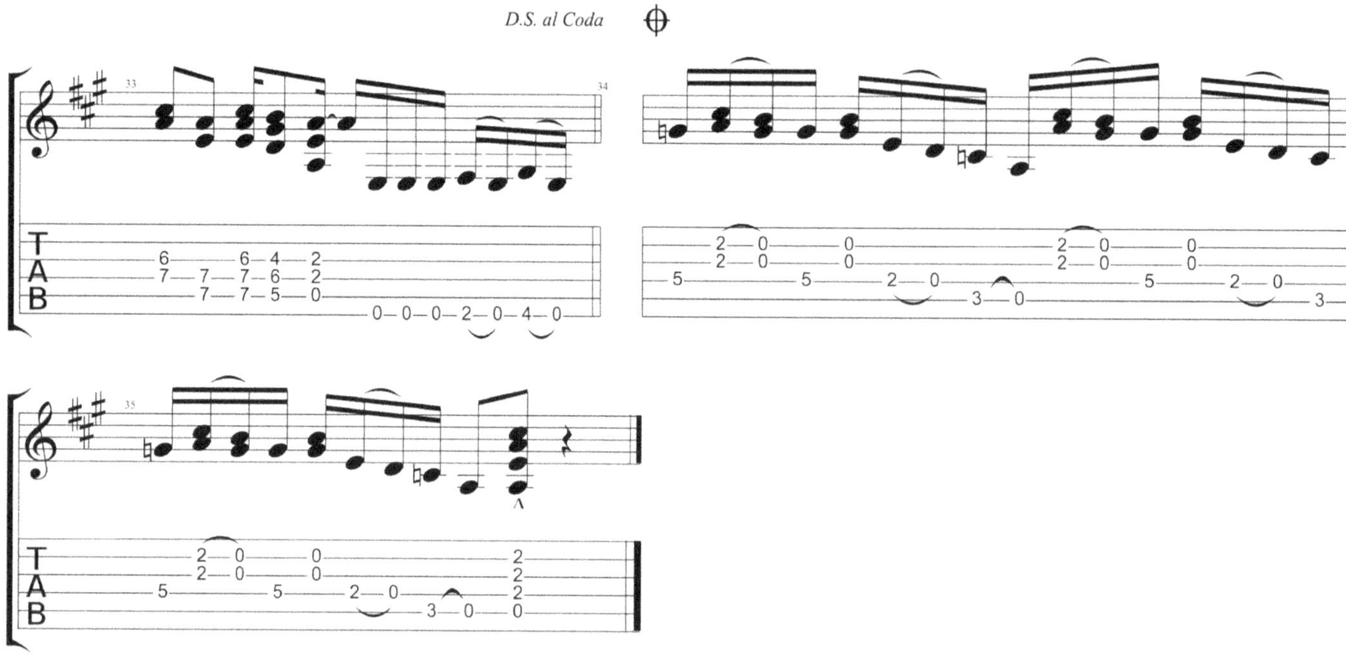
D.S. al Coda

Capítulo 4 – Harmônicos

Alguns instrumentos musicais são capazes de produzir notas chamadas de *harmônicos*. No violão, nós fazemos isso pressionando uma corda sobre o traste e então dedilhamos a referida corda, permitindo que o harmônico soe. Harmônicos podem ser usados para produzir uma ampla gama de efeitos etéreos, semelhantes aos de uma harpa. Executá-los também nos permite produzir notas em alturas que, de outra forma, seriam impossíveis de tocar no violão.

Para tocar o exemplo 4a, repouse um dedo da mão esquerda sobre a corda acima do traste de metal. Não pressione a corda, e, ao mesmo tempo, faça com que ela fique imóvel. Em seguida, dedilhe a corda com um dedo da mão direita de sua escolha.

Retire o dedo da mão esquerda, após dedilhar a nota, para que ela soe livremente.

Talvez você prefira tocar os harmônicos da 12ª casa com o dedo 4 e os harmônicos da 7ª casa com o dedo 1. Assim, a transição entre as duas posições será mais fácil.

Observe que você pode facilmente identificar harmônicos na notação, por causa do símbolo de "diamante" em torno deles.

Os exemplos de 4a a 4d possuem os seus respectivos vídeos: **http://geni.us/acousticvids**

Exemplo 4a

O exemplo 4b explora essa ideia na afinação *drop* D. Afine a corda Mi (E) grave em um tom abaixo. Alterar a afinação de uma corda alterará a posição dos harmônicos naturais.

No restante deste capítulo, utilizaremos a afinação *drop* D.

Repare na mudança de ritmo que ocorre no segundo compasso, embora as notas permaneçam as mesmas.

Seja o mais preciso possível, pois, se a corda estiver pressionada um pouco longe que seja do traste de metal, o harmônico terá o seu som prejudicado.

Exemplo 4b

O próximo exemplo apresenta harmônicos naturais, feitos para delinear acordes simples tocados nos tempos fracos do compasso. Para tocá-los, faça uma pestana na 12ª casa com o dedo 3. Lembre-se, não force a corda contra o traste, toque levemente e não use pressão alguma.

Em seguida, use o dedo 1, na 7ª casa, para tocar os harmônicos. Em seguida, mova a "pestana" formada até a 5ª casa. Use o dedo **P** e o dedo 1 para tocar e digitar os harmônicos.

Exemplo 4c

O exemplo 4d contém a mesma ideia, com uma parte percussiva adicional. Toque-a com leves toques do dedo **P** nas cordas graves, entre os harmônicos.

Exemplo 4d

Aqui está uma ideia mais complexa que combina harmônicos com uma parte percussiva nas cordas mais graves, semelhante ao exemplo anterior. Você pode optar, inicialmente, por ignorar a parte percussiva.

Exemplo 4e

Os exemplos a seguir demonstram a técnica chamada *harmônicos com tapping* que consiste em executar *tappings* sobre os trastes de metal, em vez de dedilhar a corda.

No exemplo 4f, faça uma pestana na 2ª casa, sobre as três cordas mais graves, para formar o acorde de E menor, na afinação *drop* D.

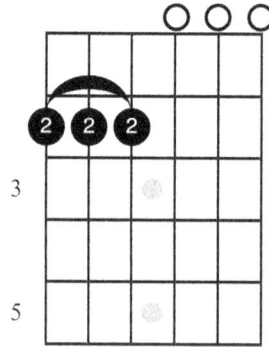

Utilize o dedo **M** para rapidamente executar o tapping na 14ª casa (12 casas acima da nota digitada). Toque rapidamente a corda, e o harmônico soará.

Continue a tocar o acorde, executando tappings em 12 casas acima de cada nota digitada. Quando houver cordas soltas, faça o tapping na 12ª casa.

Pratique essa técnica, até que todos os harmônicos soem claramente. Assim, você poderá salientar suavemente o acorde, ao permitir que as notas soem umas sobre as outras.

Exemplo 4f

Aqui está uma ideia em tercina que combina harmônicos de tapping com *hammer-ons*.

Faça os tappings na 12ª casa com o dedo **M**, depois faça os *hammer-ons* com os dedos 1 e 3.

Exemplo 4g

Em seguida, use o dedo **M** para executar os harmônicos com tapping na 12ª casa e faça *hammer-ons* nas tercinas restantes, como no exemplo anterior.

Observe que a técnica utilizada na terceira nota da tercina é a de um *"hammer-on que vai para outra corda"*. Talvez você precise executar o *hammer-on* com mais força, para fazê-lo soar.

No acorde final são tocados, ao mesmo tempo, harmônicos com tapping em três cordas. Faça o tapping utilizando a parte de dentro do dedo **I**, mantendo-o paralelo aos trastes para permitir que as três notas soem livremente.

Exemplo 4h

Agora veremos a peça completa, que é composta quase inteiramente de harmônicos naturais.

Como os harmônicos têm um distinto som "cintilante", nomeei essa peça *Lyra*, em homenagem à constelação. Assista ao vídeo dessa peça em: **http://geni.us/acousticvids**

Lyra

Da Coda

p
let ring
let ring
let ring
mp
let ring
let ring
D.S. al Coda
let ring
let ring
f
let ring
let ring
let ring
let ring

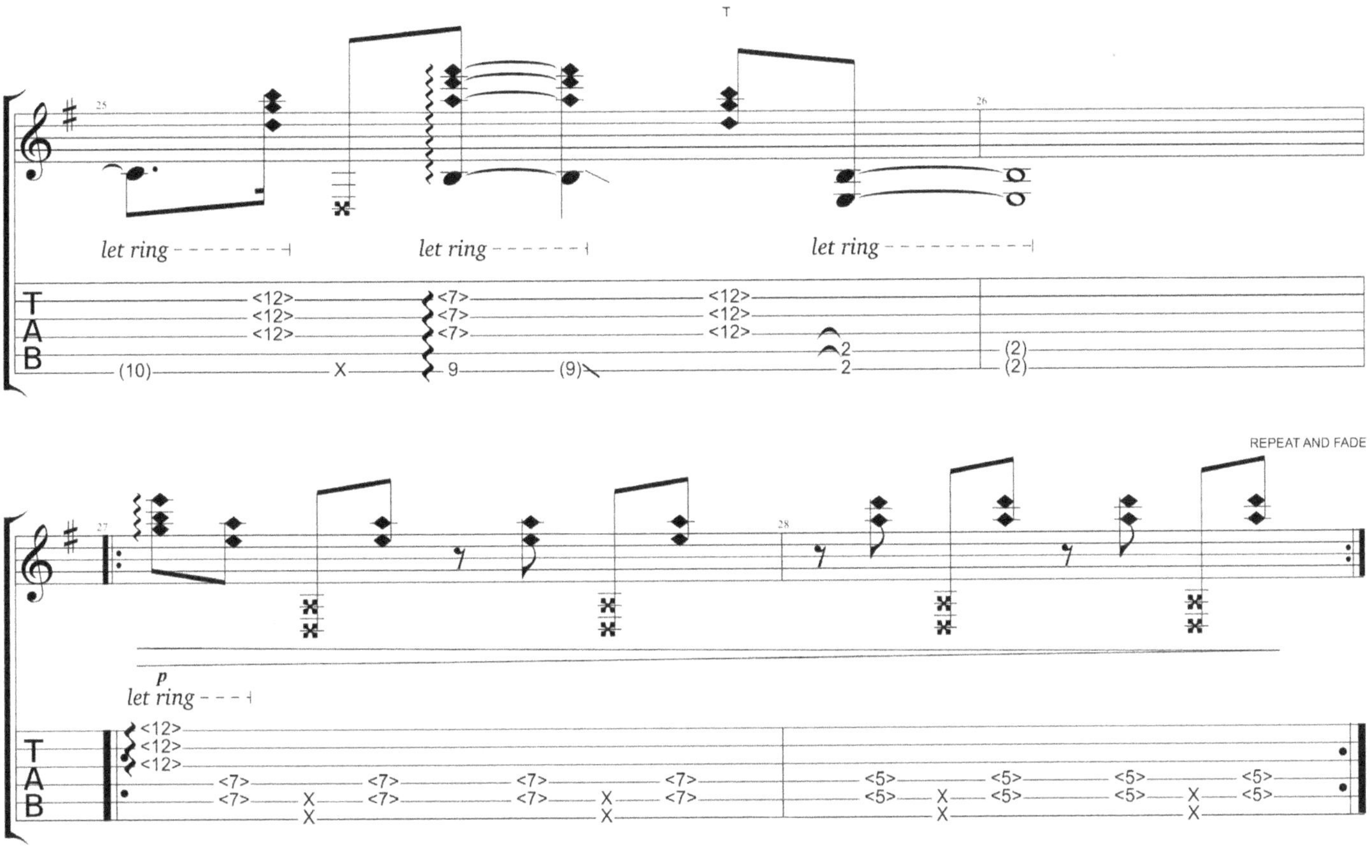
T
let ring
let ring
let ring
REPEAT AND FADE
p
let ring

Capítulo 5 – Harmônicos Artificiais

Os harmônicos *naturais*, abordados no capítulo anterior, são úteis de ser tocados em tonalidades que tendem para o uso de cordas soltas. Os harmônicos *artificiais*, no entanto, podem ser utilizados em qualquer tonalidade. Os harmônicos artificiais são alcançados quando repousamos um dedo sobre uma corda, doze casas acima de qualquer nota — seja ela executada com cordas soltas ou digitada — enquanto o dedo **P** dedilha a corda, como ilustrado abaixo.

Experimente essa técnica tocando os harmônicos naturais na 12ª casa para começar, mas, em vez de usar ambas as mãos, use apenas a mão direita.

Posicione a ponta do dedo **I** sobre o traste de metal, na 12ª casa, na corda Mi grave. Em seguida, dedilhe a corda com o dedo **P** ou com uma dedeira para polegar. Lembre-se de levantar ligeiramente o dedo **I**, após dedilhar a nota, para permitir que o harmônico soe livremente.

Depois, dedilhe a corda Sol solta com o dedo **A**. Continue seguindo esse padrão, mostrado na tablatura abaixo. O resultado é um efeito exuberante de "harpa".

Veja o vídeo de demonstração em: **http://geni.us/acousticvids**

Exemplo 5a

Pode demorar um pouco para que você consiga um efeito "cascata" suave, portanto pratique lentamente, até que esse exemplo soe consistente.

Agora que você aprendeu a tocar harmônicos sem a mão esquerda, você pode usá-la para delinear desenhos de acordes. Faça uma pestana na 5ª casa, com o dedo 1, e use o dedo 4 na corda Mi (1ª corda).

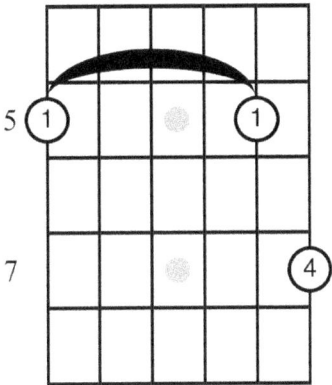

Use a mesma técnica do exemplo anterior para delinear o acorde, utilizando uma combinação de notas tradicionais e harmônicos artificiais. Posicione seu dedo I sobre a 12ª casa (12 casas acima da 5ª casa) para soar o harmônico. Confira o vídeo de exemplo dessa técnica.

Exemplo 5b

Agora, toque esses harmônicos do tipo harpa com um desenho de acorde mais complexo. O exemplo a seguir foi tirado da peça de estudo deste capítulo.

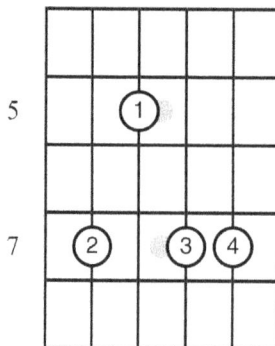

Para tocar o exemplo 5c, monte o desenho de acorde acima. Depois, use a mesma técnica de dedilhado do exemplo 5b, para capturar o contorno do acorde nas casas 17ª e 19ª. Toque essa parte devagar e aumente a velocidade gradualmente. Inicialmente, pode ser um desafio conseguir uma boa coordenação nos dedos!

Exemplo 5c

O princípio do exemplo anterior aplica-se ao exemplo 5d, mas desta vez foram adicionados alguns ornamentos em forma de *pull-offs*. O diagrama abaixo indica a digitação que você deve utilizar. Os pontos pretos representam as notas de partida dos *pull-offs*, os quais devem ser executados com o dedo 3.

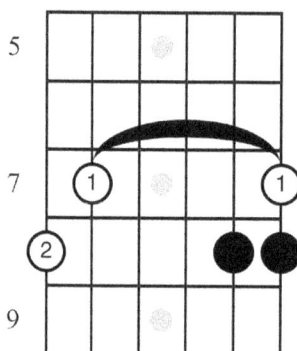

Exemplo 5d

Alguns dos harmônicos que você encontrará na peça de estudo deste capítulo são tocados com a técnica de harmônicos executada com ambas as mãos, vista no capítulo anterior. No exemplo 5e, comece usando a mesma técnica do exemplo 5d. Para soar os harmônicos, na batida 1 do compasso dois, simplesmente coloque o dedo 1 suavemente sobre a 7ª casa e dedilhe as cordas com os dedos **P, I** e **M**.

Esse exemplo é demonstrado no vídeo a seguir: **http://geni.us/acousticvids**

Exemplo 5e

A seção seguinte da peça de estudo envolve algumas mudanças rápidas entre a técnica de harmônicos feita com ambas as mãos e a técnica feita com apenas uma mão, como atesta o exemplo 5f.

O compasso um apresenta a técnica de "harpa", quase exatamente como demonstrada no exemplo 5a. No compasso quatro, as cinco primeiras notas são tocadas como notas de harpa, usando a técnica das duas mãos, e o segundo harmônico da 12ª casa (no tempo fraco, na batida 3) também é tocado com as duas mãos. O mesmo acontece com as duas notas finais.

Exemplo 5f

O exemplo final demonstra mais algumas técnicas de harmônicos.

O harmônico no compasso 36 é feito com um tapping na 12ª casa (como no exemplo 4g).

O harmônico do compasso seguinte também é tocado com tapping, mas desta vez faça um *hammer-on* na 3ª casa e depois um *pull-off* na corda solta. A corda solta seguinte deve ser dedilhada convencionalmente com o dedo **P**.

Na segunda metade do compasso 37, digite as notas das cordas Si e Ré, depois faça um tapping na 12ª casa com o dedo **M**. Isso fará com que os harmônicos naturais, das cordas soltas, soem, mas você também ouvirá o som das outras notas digitadas.

No compasso seguinte, mantenha pressionado o mesmo desenho de acorde e use uma técnica similar àquela do efeito de "harpa", mostrada nos exemplos anteriores, porém, desta vez, toque simultaneamente o harmônico e a nota digitada com o dedo 3. Essas técnicas são mostradas no vídeo de estudo da peça, presente no final deste capítulo.

Exemplo 5g

Quando você estiver confortável com as técnicas estudadas, tente tocar na íntegra a peça a seguir, chamada de *Snow*. Ela foi composta originalmente como um dueto para violino e consolida todas as técnicas de harmônicos abordadas até agora.

Assista à peça completa em: **http://geni.us/acousticvids**

Snow

Afinação padrão

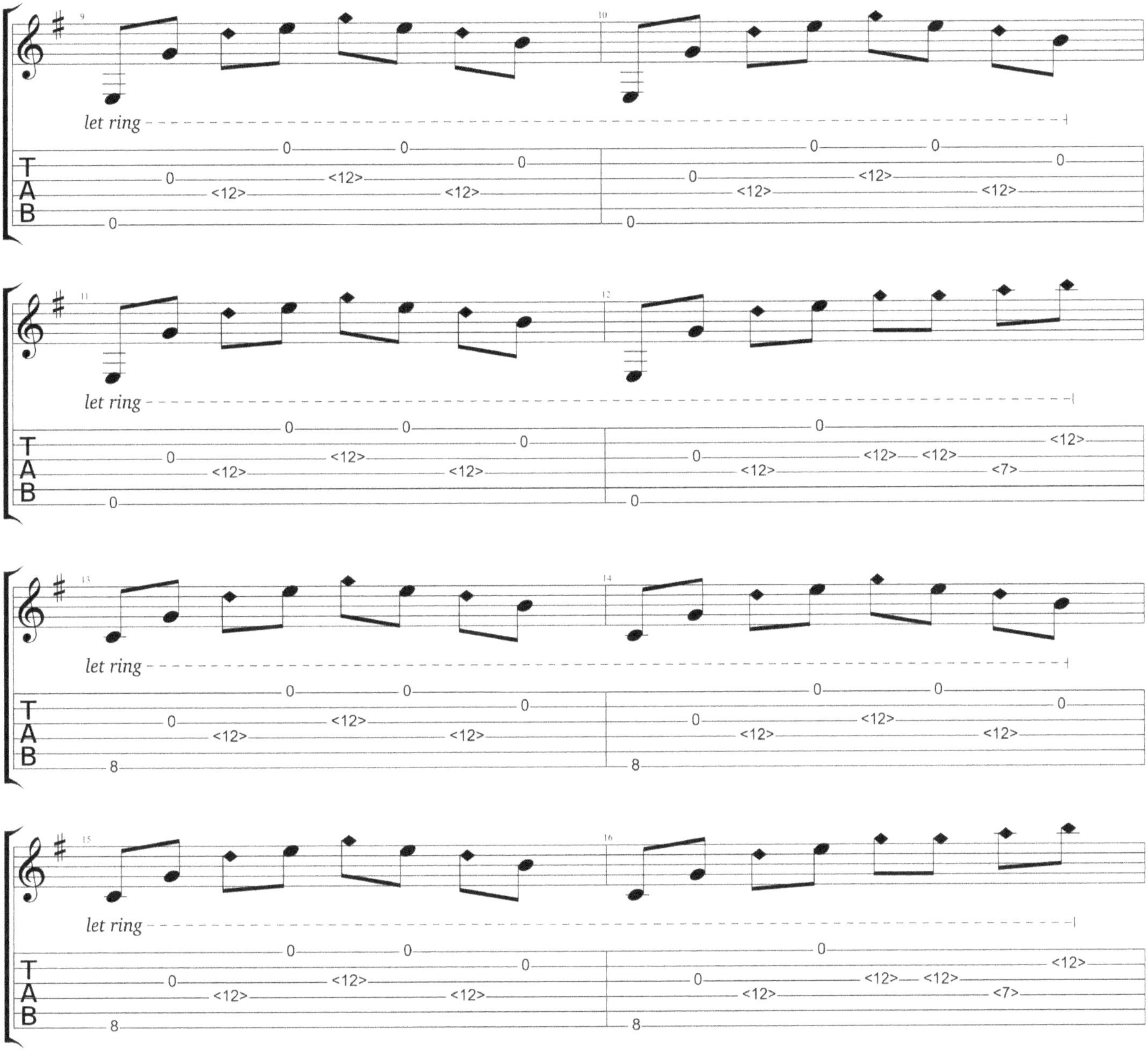
let ring
let ring
let ring
let ring

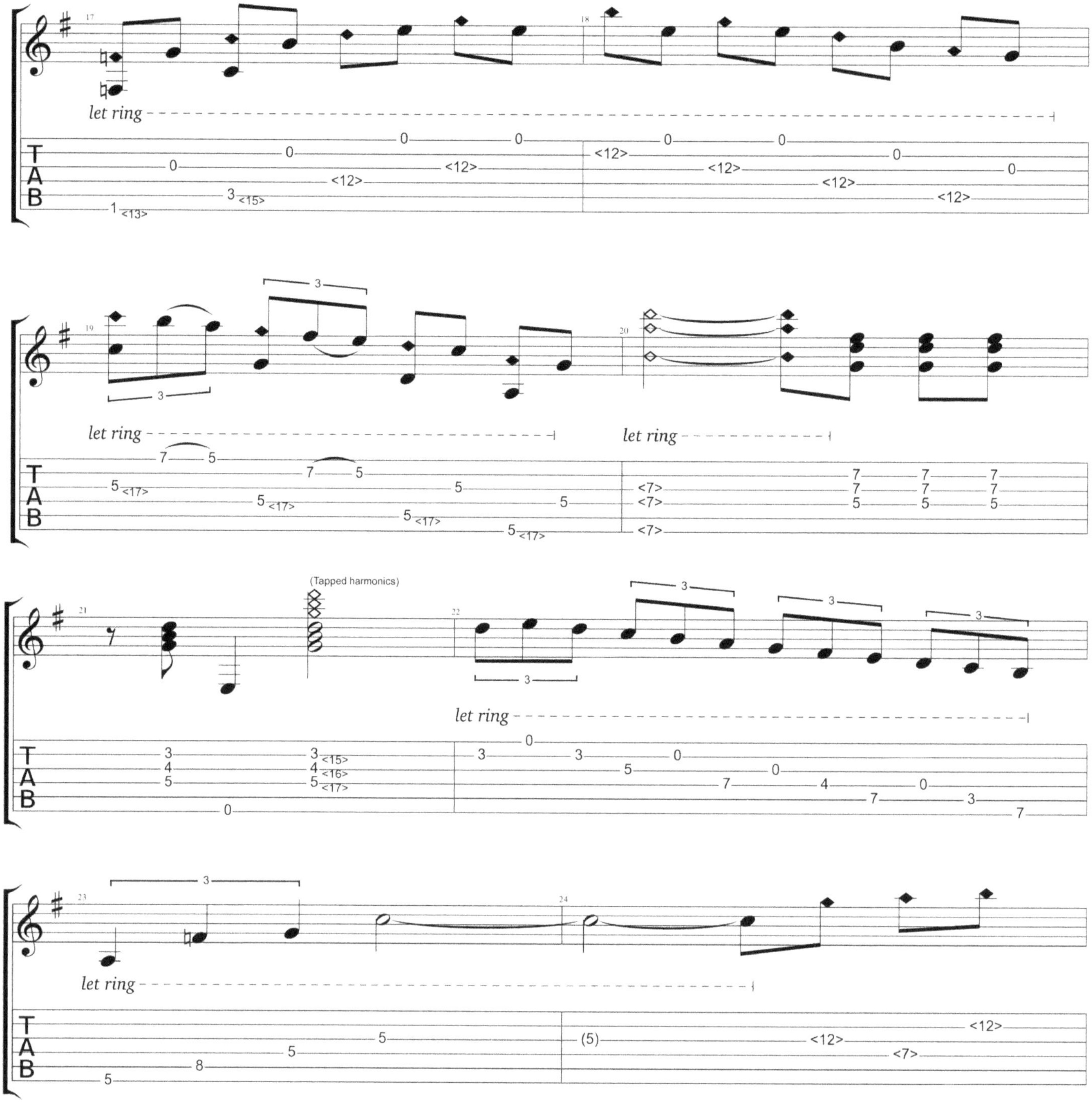
let ring
let ring
let ring
(Tapped harmonics)
let ring
let ring

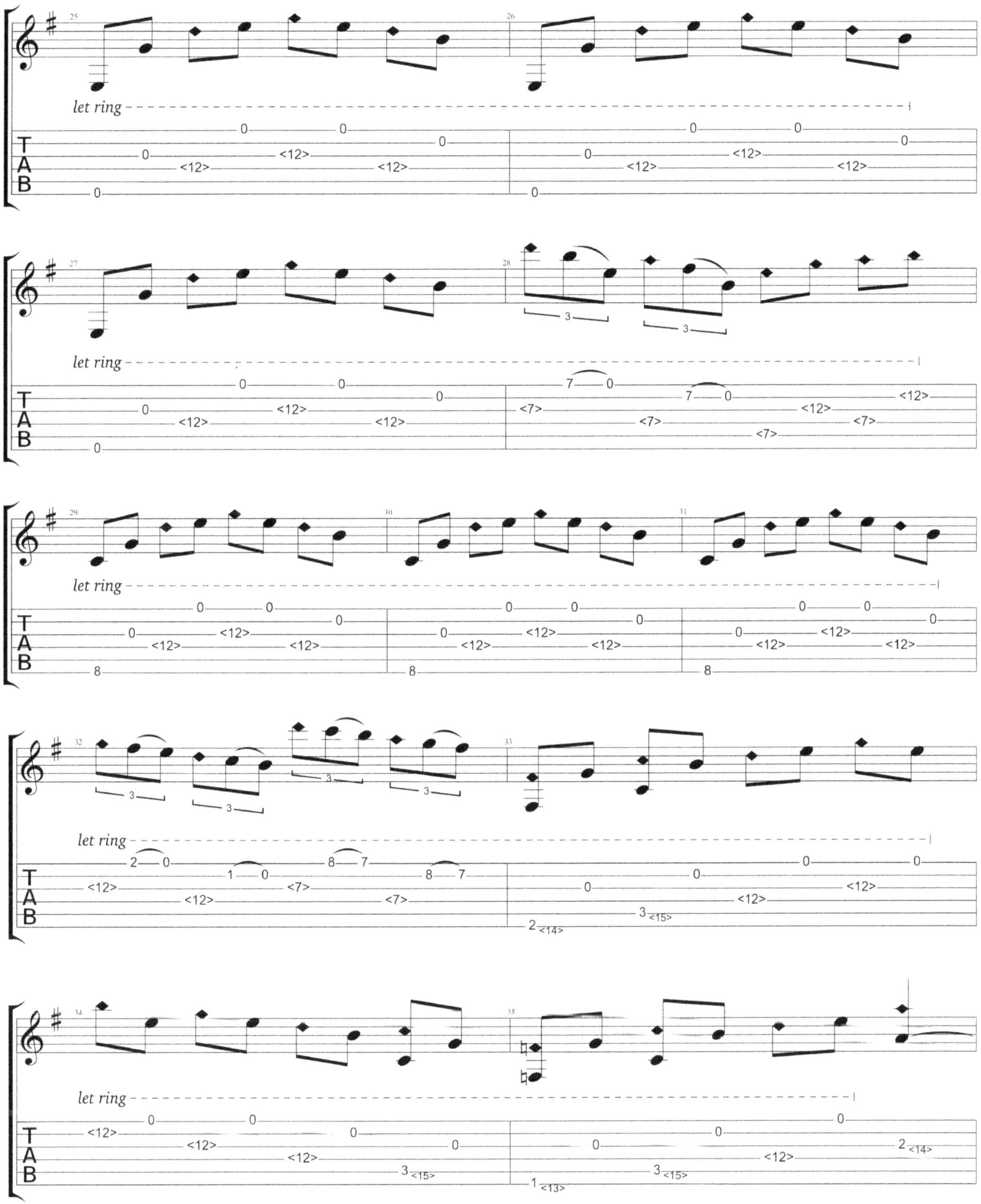
let ring
let ring
let ring
let ring
let ring

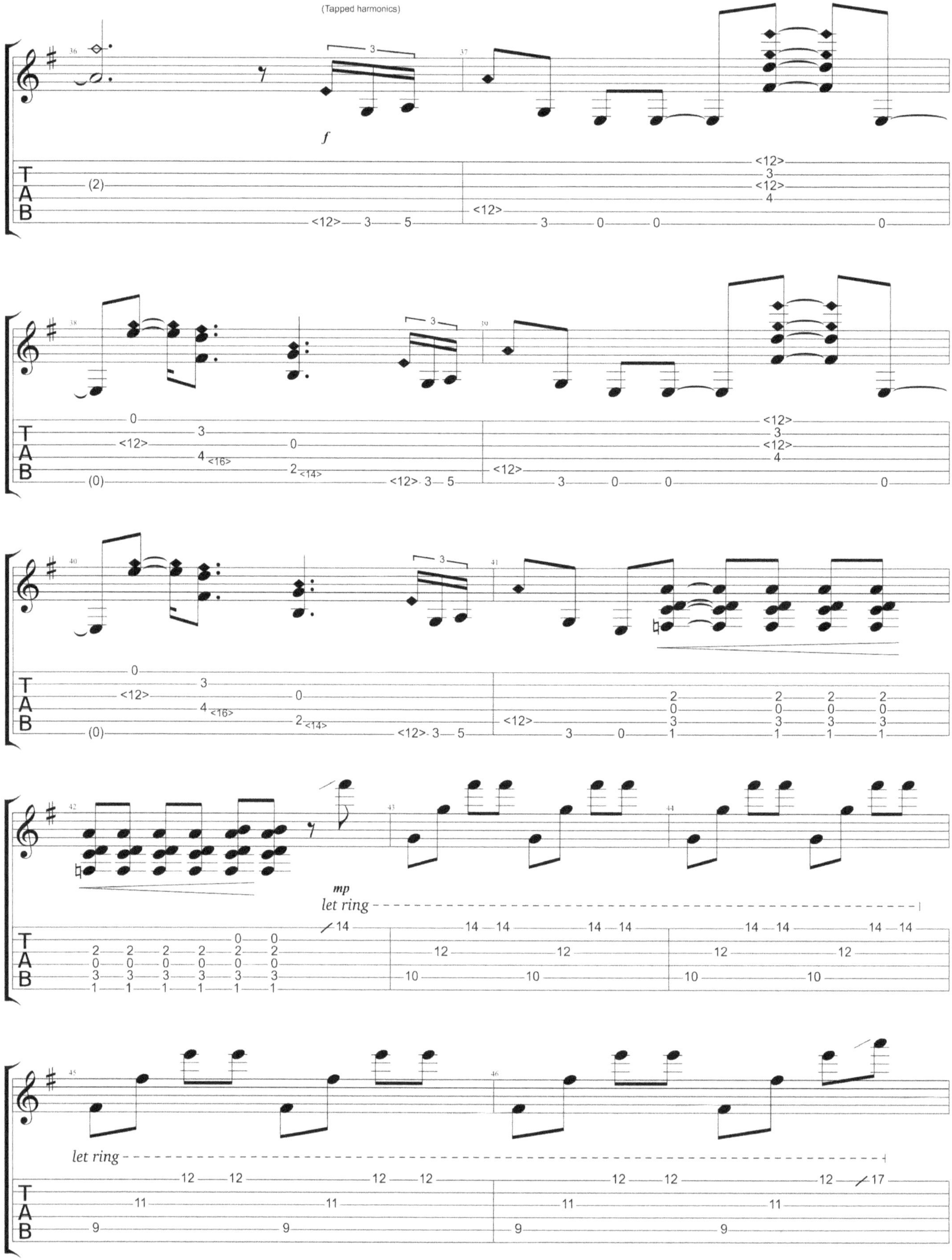
(Tapped harmonics)
f
mp
let ring
let ring
T
A
B

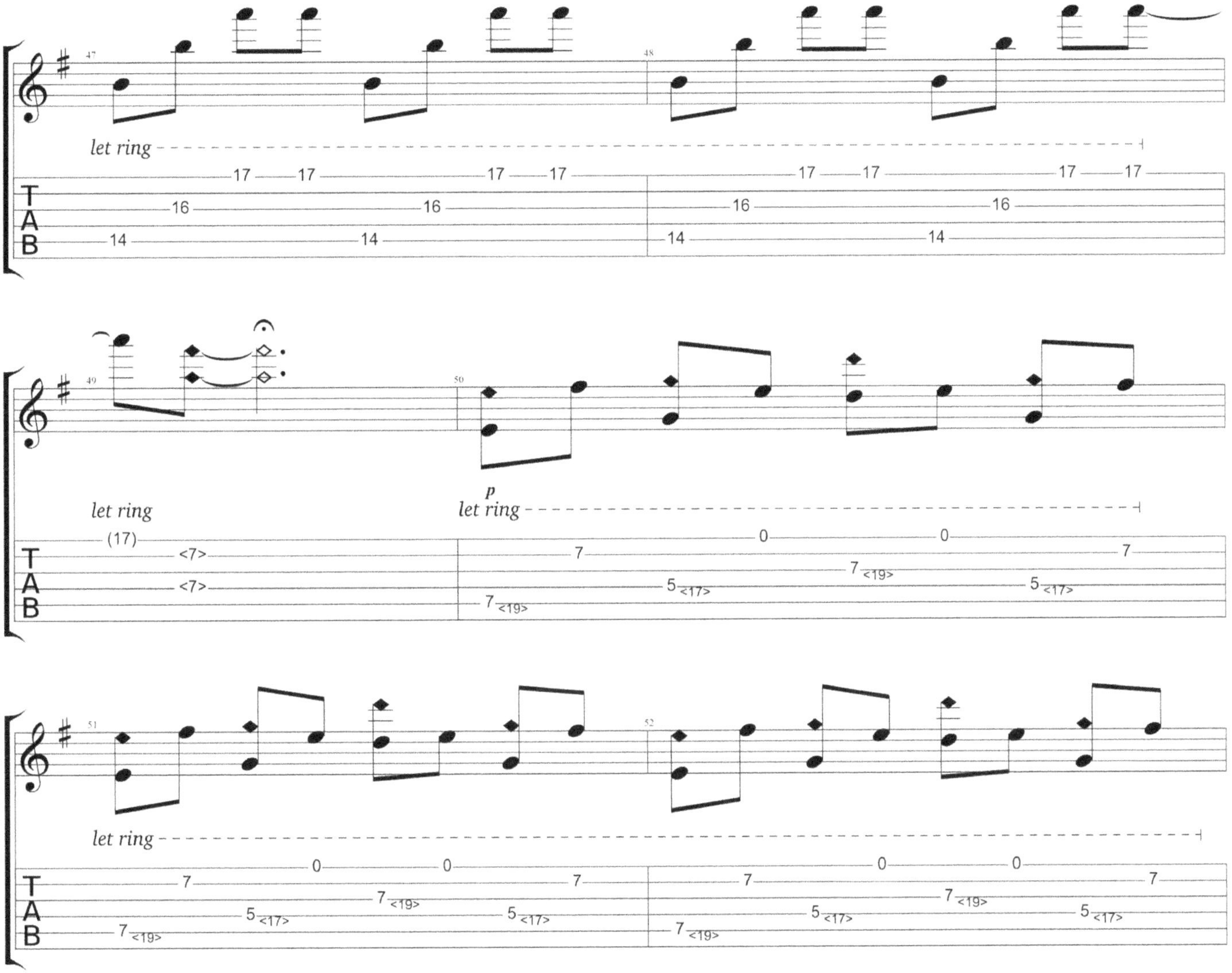
let ring
let ring
p
let ring
let ring

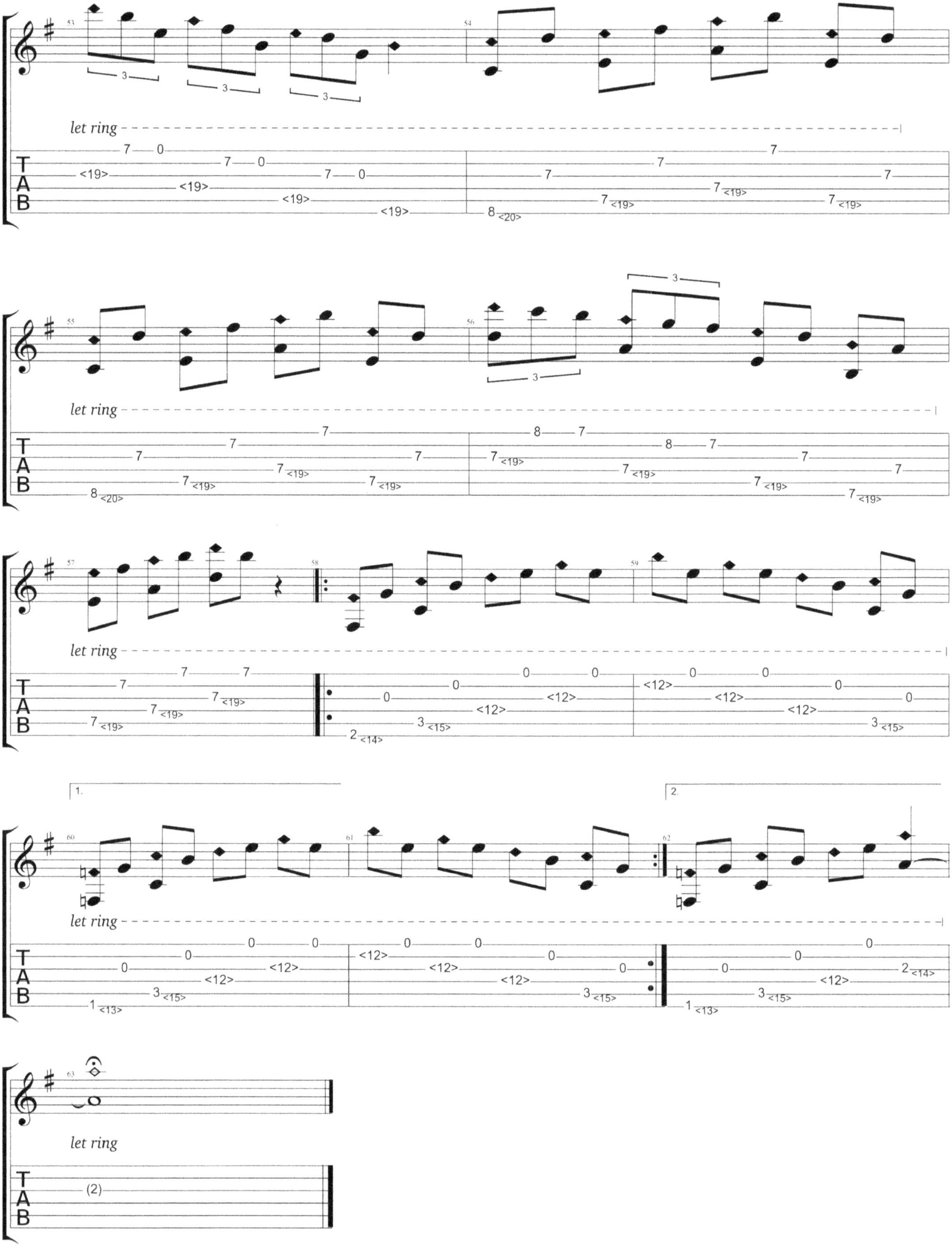
let ring
let ring
let ring
1.
2.
let ring
let ring

Capítulo 6 – Tapping

O tapping é uma técnica utilizada em várias músicas de violão. No contexto do violão fingerstyle, ela exige que o violonista produza um som dando batidas (*hammer-ons*) nas cordas desejadas no braço do violão, em vez de fazer um dedilhado convencional — essa técnica pode ser feita com qualquer uma das mãos.

Como violonista de nível intermediário ou avançado, você, sem dúvida, já viu essa técnica no contexto da guitarra rock. No cenário acústico contemporâneo, ela é geralmente usada de forma menos "linear", permitindo que os violonistas alcancem exuberantes texturas de multicamadas. Muitas vezes, essa técnica permite que uma das mãos fique livre para executar harmônicos ou efeitos percussivos.

Para tocar os exemplos deste capítulo você precisa afinar seu violão em: CGDGAD, similar à afinação DADGAD, mas as cordas Lá (A) e Mi (E) grave são afinadas em um tom abaixo.

O exemplo 6a foi concebido para ajudar-lhe a executar o tapping com a mão esquerda.

Comece fazendo tappings nas casas designadas com os dedos 1 e 3. Em seguida, faça *pull-offs* nas cordas soltas. Cuidado para não tocar acidentalmente outras cordas. Repita o exemplo, até que você possa executar o tapping suavemente. Abafe levemente as cordas nos primeiros dois compassos e, em seguida, aumente gradualmente o volume nos compassos três e quatro.

Exemplo 6a

Agora, utilizando apenas a mão *direita*, faça tappings nas cordas graves, para salientar uma progressão de acordes simples. A imagem abaixo mostra como a mão deve ser posicionada no braço do violão.

Utilize o dedo **I** para fazer uma pestana com *hammer-ons* nas cordas Mi (6ª corda) e Lá. Você deverá curvar levemente a sua mão, como mostrado acima.

Em seguida, faça novamente os *hammer-ons* com o dedo **I**, porém na 2ª casa, depois na 4ª casa e, finalmente, faça *pull-offs* nas cordas soltas.

Exemplo 6b

A peça de estudo deste capítulo, combina essas duas partes, portanto será necessário tocá-las no mesmo tempo, e isso é ensinado no exemplo 6c. Primeiro, toque o exemplo lentamente, observando onde as partes se unem na notação.

Mantenha o dedo **I** da mão direita pressionado por todo o compasso, enquanto os dedos da mão esquerda se movem no braço do violão. A imagem abaixo mostra como as mãos devem ser posicionadas.

Assista ao vídeo do exemplo 6c, para ver como ele deve soar: **http://geni.us/acousticvids**

Exemplo 6c

No exemplo 6d, todas as notas da corda Mi (6ª corda) são executadas com tappings, feitos com a mão direita. Comece com o dedo **I** posicionado na 7ª casa.

Em seguida, use o dedo 1 da mão esquerda para fazer um leve *pull-off* na corda Si, seguido por um *hammer-on* na 3ª casa, feito com o mesmo dedo. Finalmente, use os dedos 2 e 3 para tocar as notas seguintes.

Os compassos três e quatro são semelhantes, com o dedo 1 sendo utilizado para executar os *hammer-ons*.

Exemplo 6d

A peça continua com tappings, feitos com a mão direita, nas notas do baixo sustentadas, enquanto a mão esquerda toca a melodia com tappings. No compasso 22, toque os harmônicos convencionalmente, com os dedos da mão esquerda na 5ª casa e os dedos da mão direita dedilhando as cordas.

Exemplo 6e

As batidas de violão (indicadas pelas setas no exemplo 6f) são tocadas convencionalmente, com a mão direita.

Exemplo 6f

No início do compasso 31 as funções das mãos se invertem brevemente, e a mão esquerda é utilizada nas cordas graves, enquanto a mão direita é utilizada nas cordas agudas. Todas as instruções seguintes são mais fáceis de mostrar do que de explicar, portanto criei um vídeo de demonstração do exemplo 6g, que você pode acessar em: **http://geni.us/acousticvids**

Utilize o dedo 2 da mão esquerda para fazer os tappings na corda Mi (6ª corda) e o dedo 3 para fazer os tappings na corda Lá. Depois, faça um tapping na 4ª casa, com o dedo **I** *da mão direita* e dedilhe as cordas soltas com os dedos **M** e **A**.

Para tocar as duas notas seguintes, o dedo **I**, da mão direita, faz o tapping na 5ª casa, enquanto a mão esquerda se move para cima para fazer um tapping na corda Mi (6ª corda), com o dedo 2.

No compasso 33, dedilhe as cordas soltas com o dedo **I** da mão direita. As cordas soltas agudas seguintes devem ser tocadas pela mão esquerda. Incline a mão esquerda verticalmente, para tocar levemente nas cordas.

Exemplo 6g

Talvez a seção mais desafiadora desta peça ocorra entre os compassos 57 e 60, como ilustrado no exemplo 6h. Aqui há outro vídeo para lhe ajudar a entender como a peça ganha unidade: **http://geni.us/acousticvids**

Comece executando tapping nas notas da 9ª casa, com a mão direita. Nas próximas duas notas da 5ª casa, o tapping deve ser feito com a mão esquerda.

Prossiga com um tapping, com o dedo **I** da mão direita, na 9ª casa. O dedo **M** então tocará a corda Sol solta.

Utilize a mão esquerda para tocar as próximas duas notas da 5ª casa, depois os dedos **I** e **M**, da mão direita, para tocar as notas da 7ª casa.

No compasso 58, faça tappings nas notas da 9ª casa, com os dedos da mão esquerda, depois *cruze as mãos*, fazendo um tapping na 5ª casa, com o dedo **I** da mão direita, e então faça um tapping na corda solta com o dedo **A**.

Depois, descruze as mãos e toque com o dedo 1 na corda Mi (1ª corda), na 2ª casa, então toque a corda solta seguinte com o dedo **M** da mão direita.

Finalmente, faça tappings nas próximas duas notas da 5ª casa, com os dedos da mão direita, depois *coloque a mão esquerda sob a direita* para fazer tapping nas notas da 7ª casa, com os dedos da mão esquerda.

Exemplo 6h

Depois de dedicar tempo suficiente para estudar e dominar isoladamente essas partes, tente tocar toda a peça utilizando apenas tappings. Não tenha pressa e trabalhe para que tudo soe limpo e suave.

Next Time Around

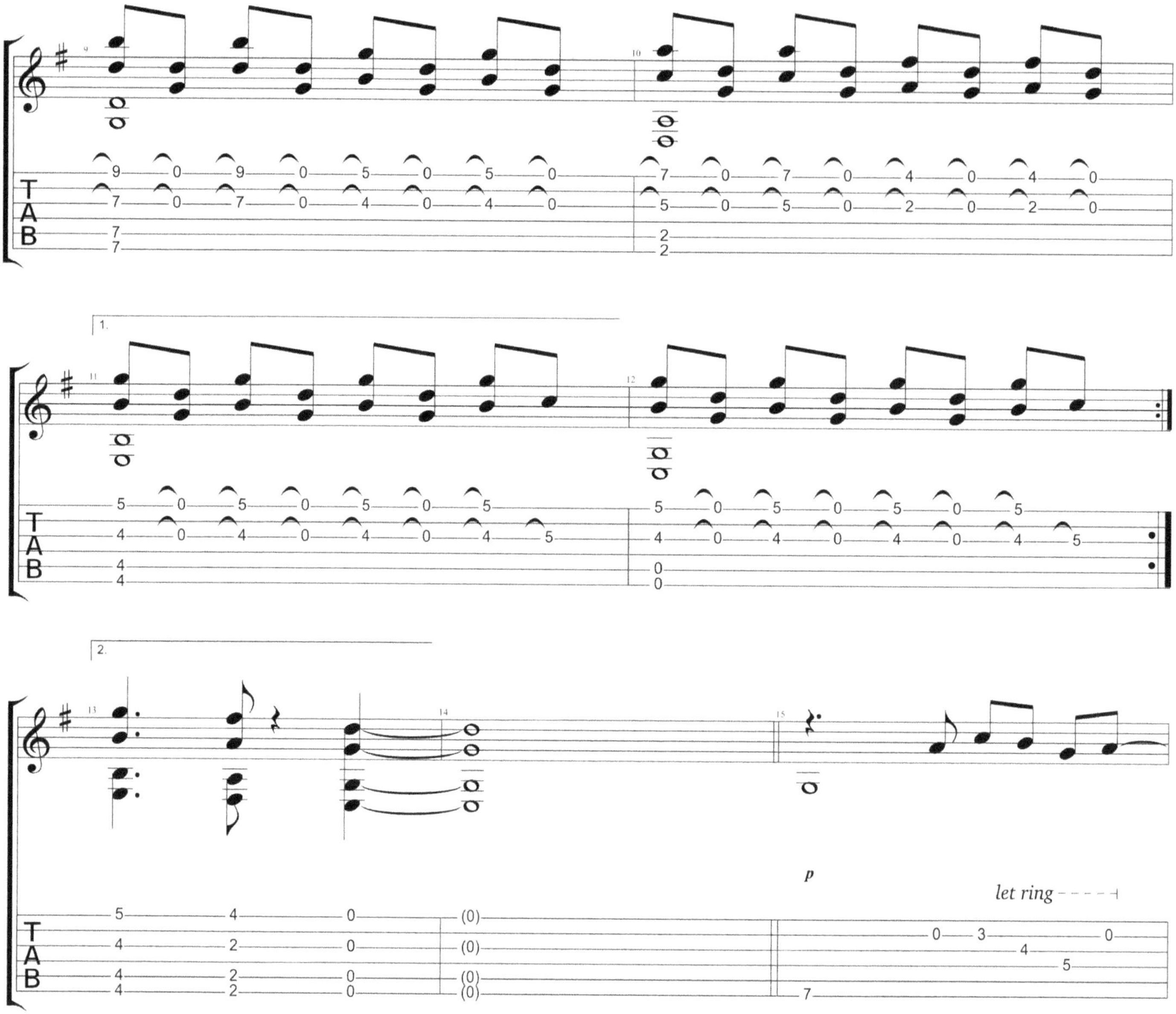
1.
2.
p
let ring

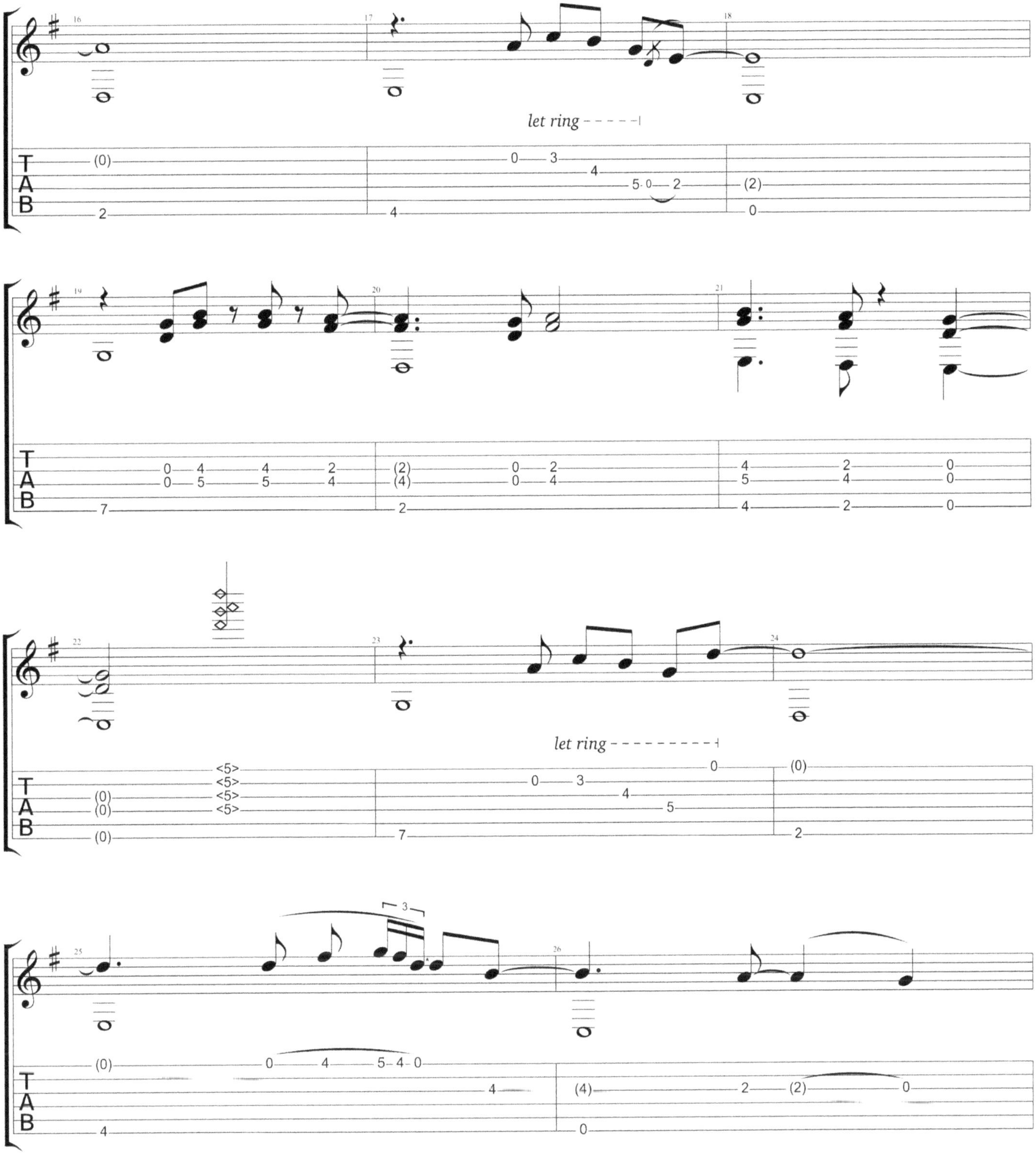
let ring
let ring

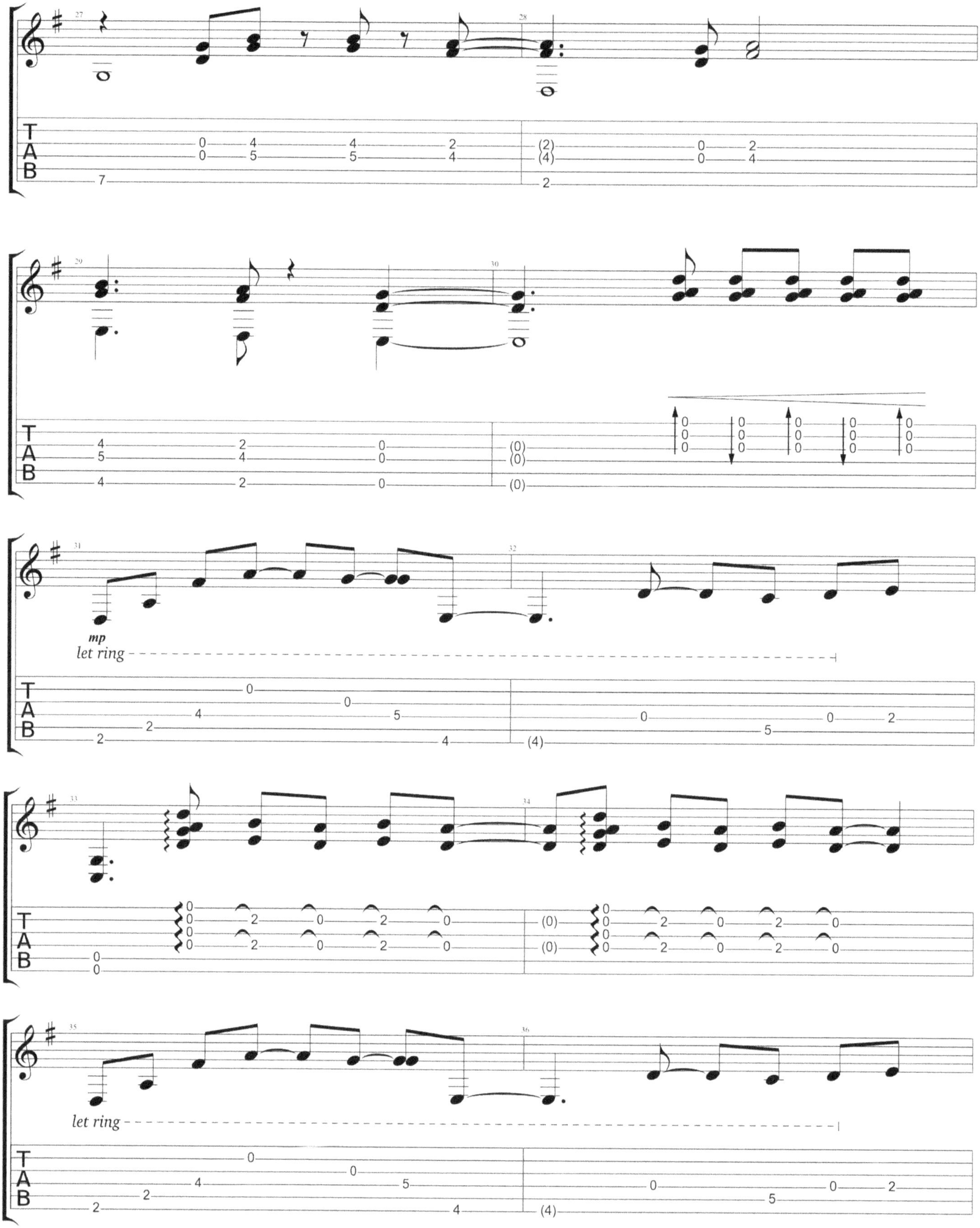
mp
let ring
let ring

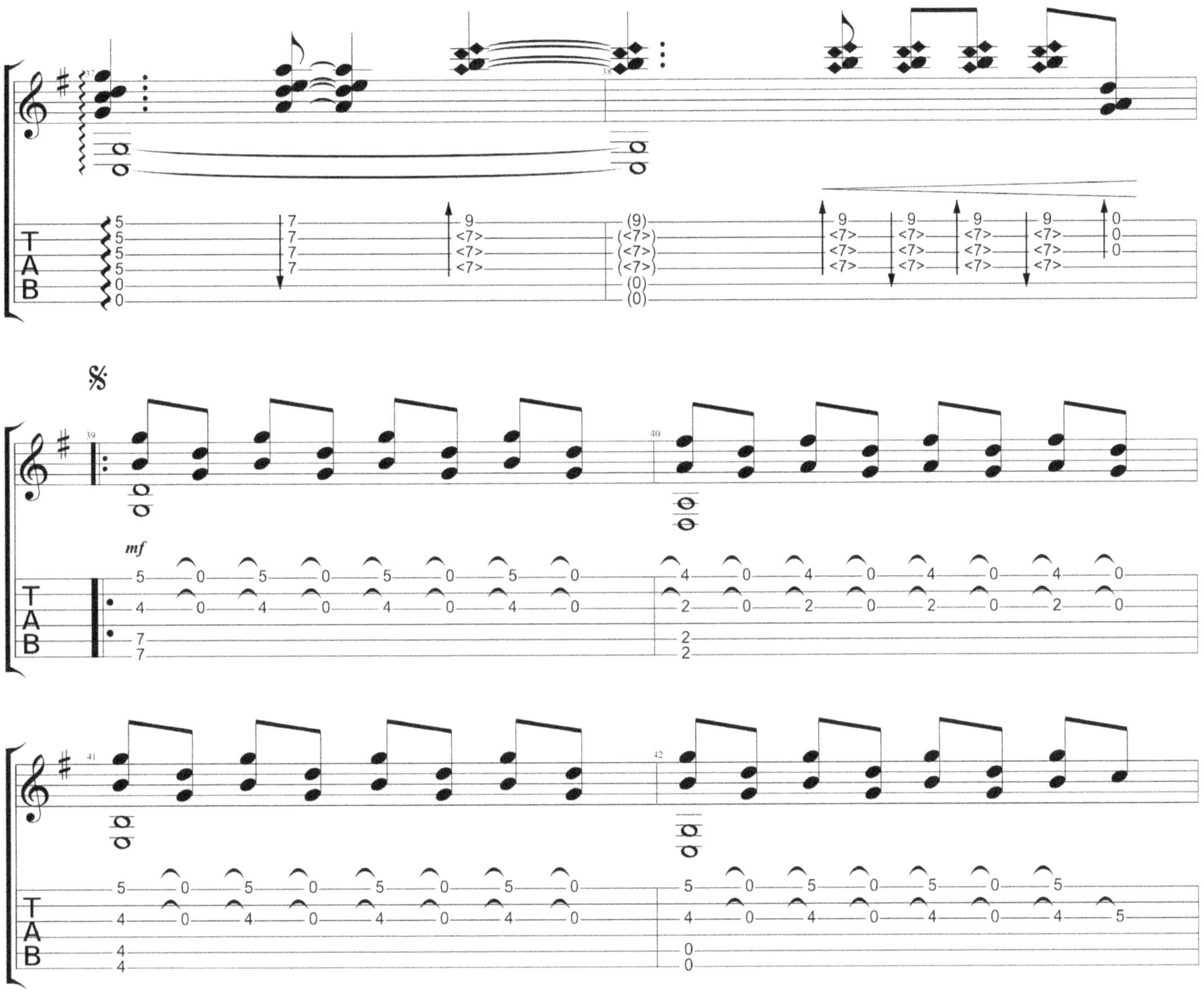
mf
TAB

Da Coda

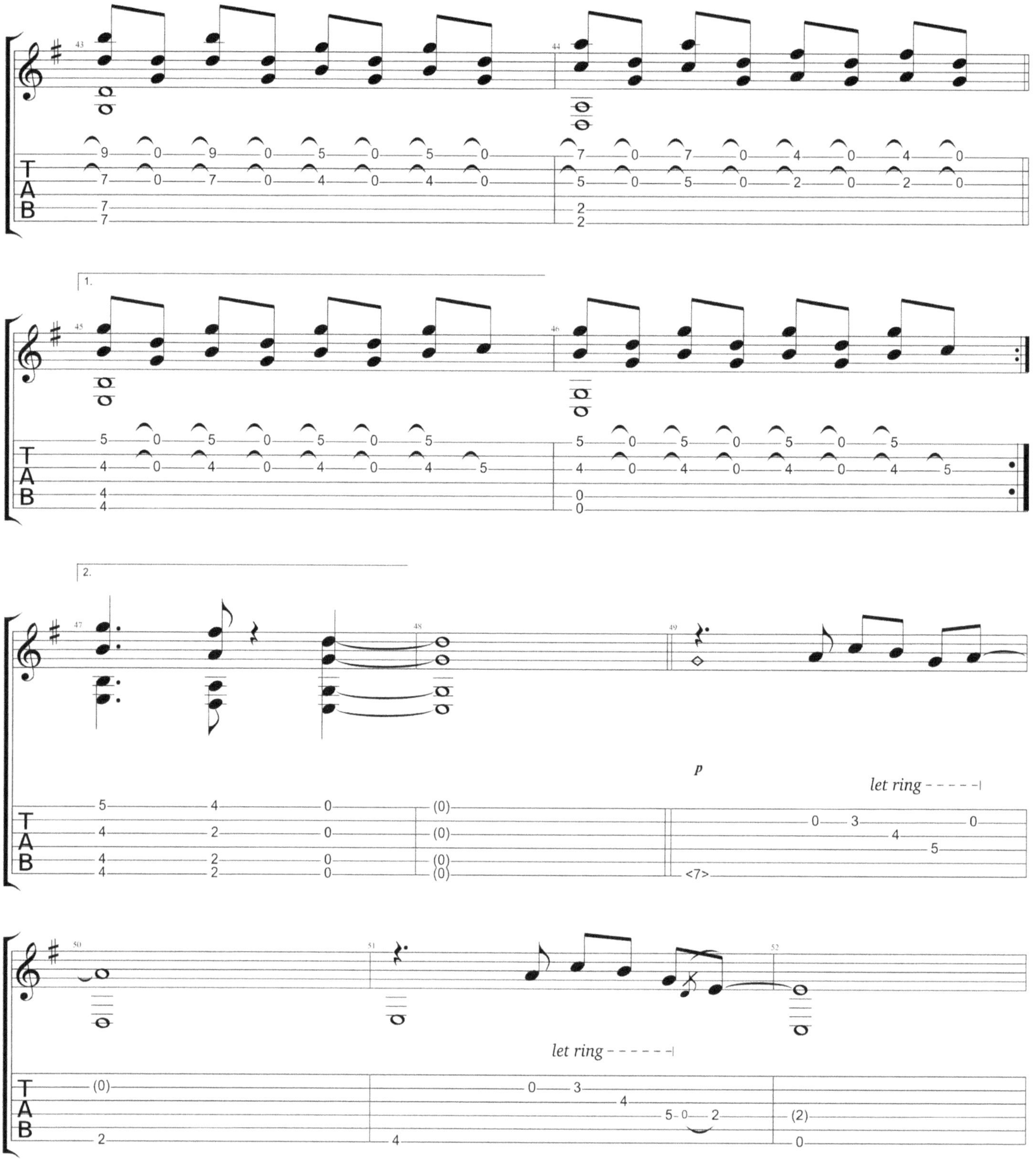

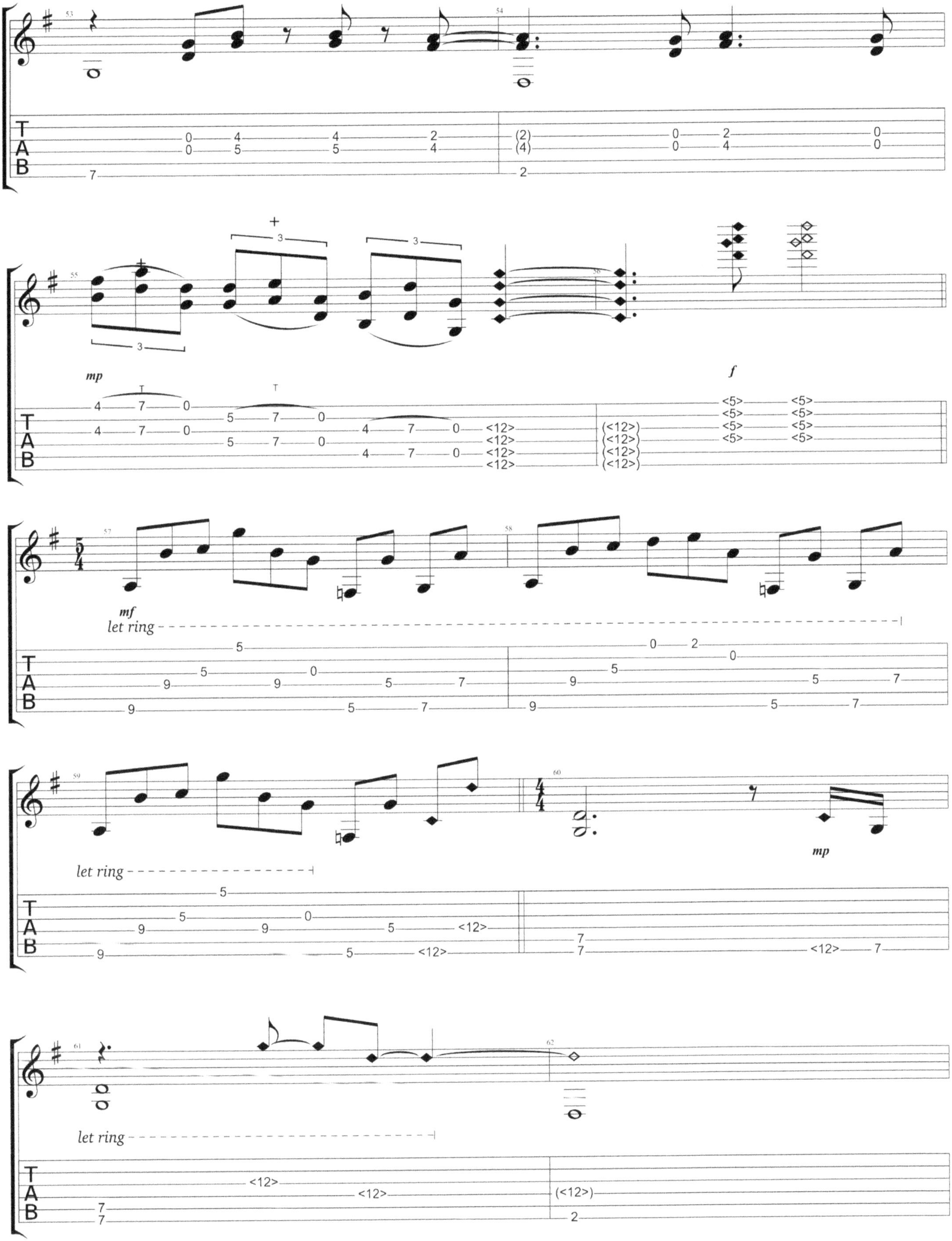

mp
f
mf
let ring
let ring
mp
let ring

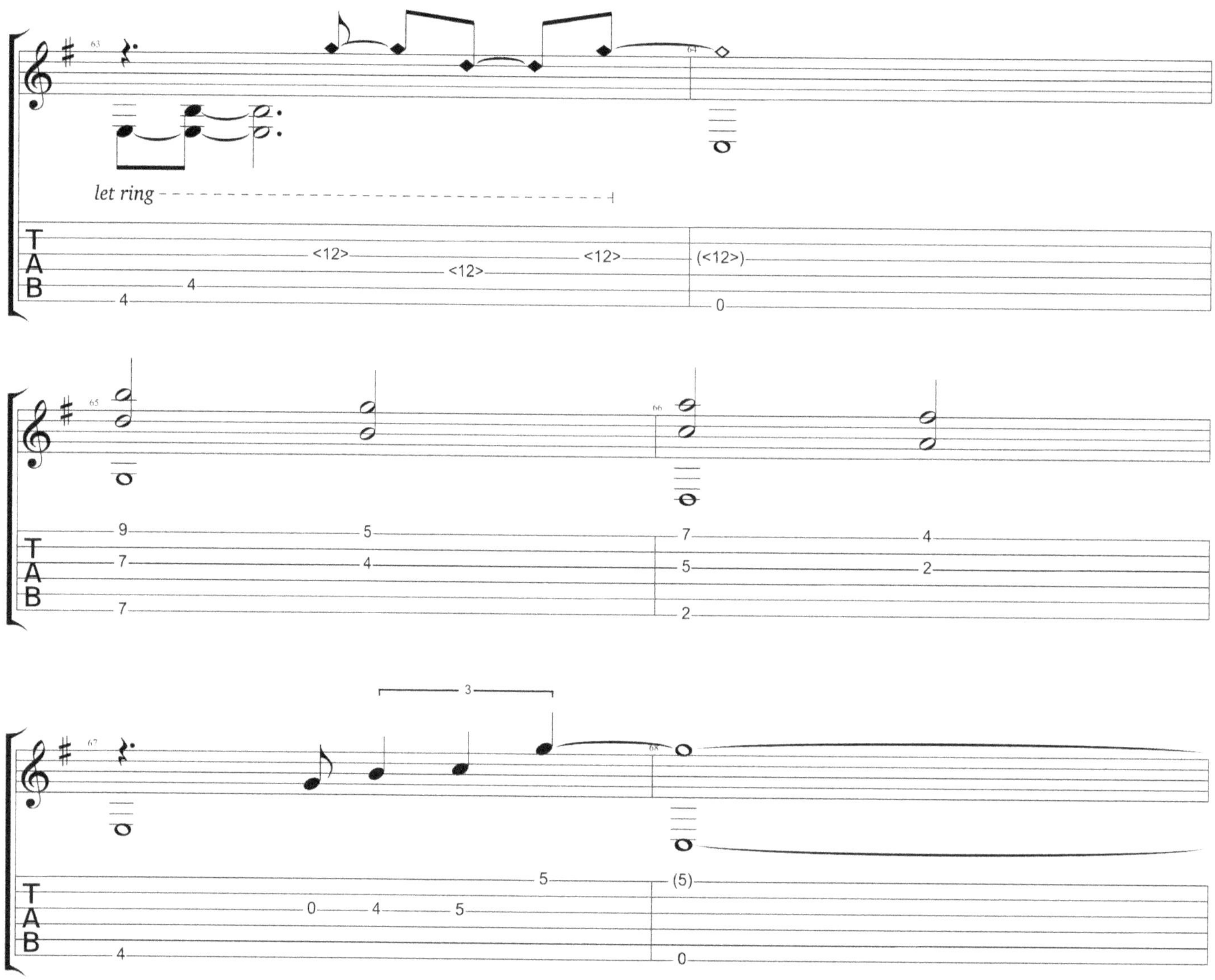
let ring

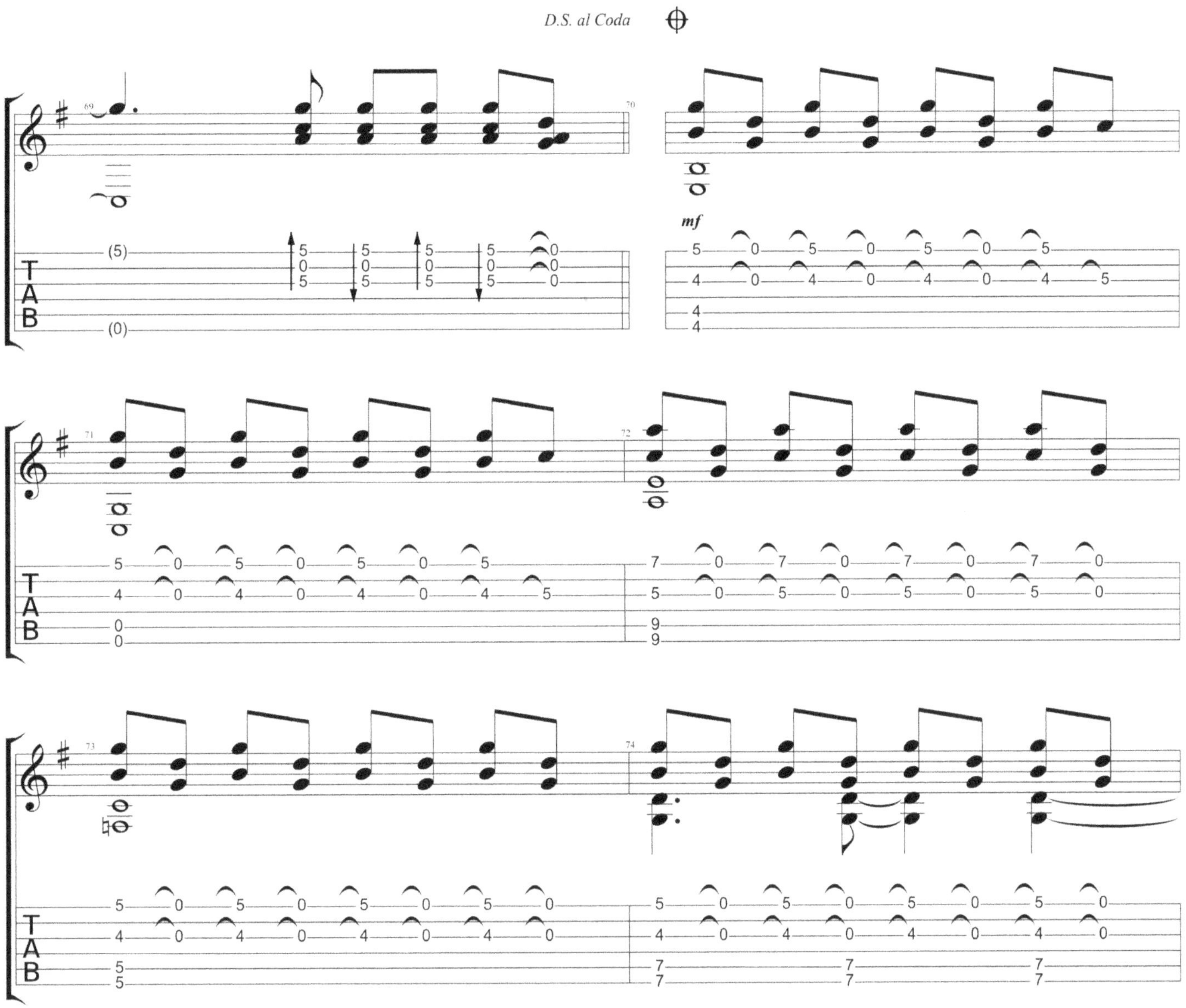
D.S. al Coda
mf

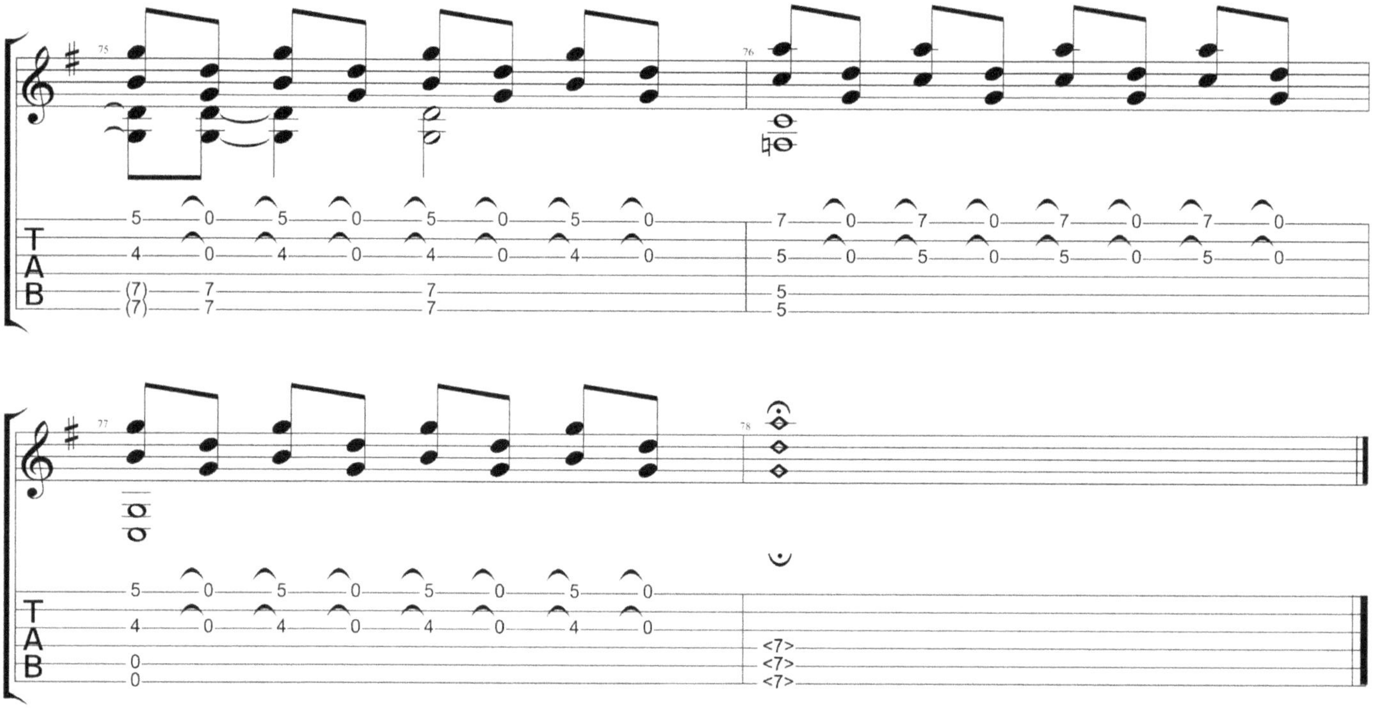

Capítulo 7 – Efeitos Percussivos

Um dos elementos mais marcantes do estilo fingerstyle moderno é o uso de sons percussivos, sejam eles compostos por tappings, tapas, toques, batidas ou até mesmo arranhões! Há, é claro, um número quase ilimitado de maneiras de criar esses efeitos e, neste capítulo, exploraremos os mais comumente utilizados.

Primeiro, é importante que você descubra a localização exata de cada som percussivo do seu violão, visto que cada violão produzirá um som um pouco diferente.

Neste capítulo, usaremos outra afinação alternativa. Ela é baseada na afinação CGDGAD, utilizada no capítulo anterior, porém é um pouco diferente, uma vez que a corda Si (B) é afinada em meio tom abaixo, em Bb, o que resulta na afinação C G D G Bb D.

Todos os efeitos percussivos presentes neste capítulo são demonstrados com vídeos, que podem ser vistos em: **http://geni.us/acousticvids**

No exemplo 7a, use o calcanhar da mão direita para bater no corpo do violão, perto do rastilho. Esse movimento é representado na tablatura com um "X" na corda Mi (6ª corda). O som a ser alcançado é o de um "baque", de tonalidade grave. A ideia é usar o corpo do violão como o bumbo de uma bateria.

Exemplo 7a

Nos exemplos 7b e 7c, os sons notados nas cordas Lá e Ré representam, respectivamente, pequenas batidas com a ponta dos dedos no corpo do violão, próximo ao braço e à boca do violão. Esse movimento pode ser feito tanto na parte de baixo do corpo do violão, como na parte de cima.

Exemplo 7b

Exemplo 7c

Finalmente, o som representado por um "X" na corda Sol é feito através de toques com os dedos, na lateral do corpo do violão, geralmente sobre a parte superior externa do corpo, ou na parte inferior, um pouco mais perto do braço do violão (algo particularmente útil, se você estiver usando a mão esquerda).

Exemplo 7d

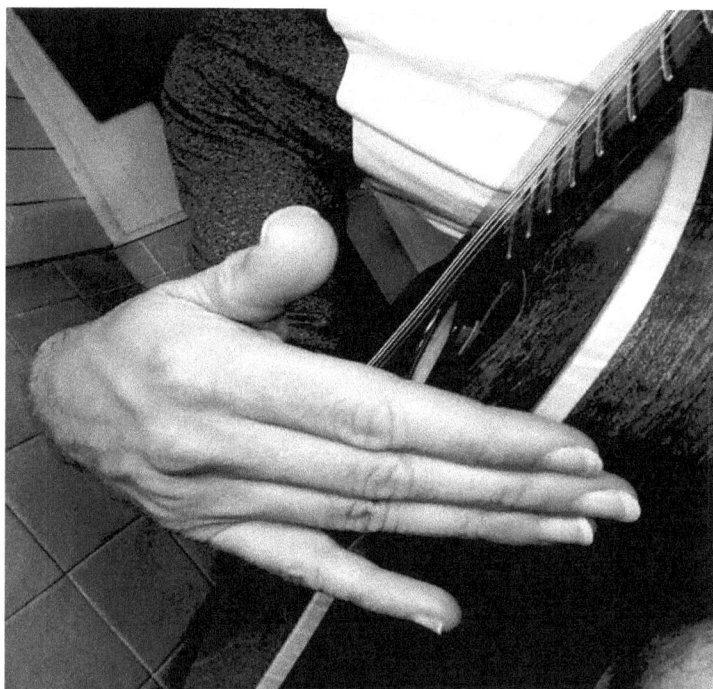

Cada uma destas técnicas produz um som diferente e fornece um efeito diferente, o qual você pode utilizar para melhorar as suas performances.

Antes de passarmos para alguns exemplos mais musicais, note que todos os exemplos deste capítulo são tocados com a técnica da *mão esquerda invertida*. Isto significa que a mão esquerda cuida do topo do braço do violão, como ilustrado abaixo. Você já deve ter visto violonistas como Preston Reed, Andy Mckee e Jon Gomm utilizarem essa técnica.

Os exemplos musicais deste capítulo foram notados no tempo 4/4, com as partes da mão esquerda e direita tendo as suas próprias notações e tablaturas. A maioria das notas é executada com tapping, logo a notação separada das partes de cada mão elimina quaisquer dúvidas sobre qual mão utilizar. Além disso, com todos os vários sons percussivos, uma transcrição convencionalmente notada seria muito difícil de ler!

No exemplo 7e, comece tocando apenas a parte da mão esquerda. Leia as instruções abaixo e consulte também o vídeo de demonstração.

Toque com os dedos 1 e 2 nas notas da 8ª casa, utilizando a técnica da "mão esquerda invertida". Adicione um toque percussivo, como ilustrado no exemplo 7c. Em seguida, faça uma pestana com o dedo 1 da mão esquerda e use-o para fazer o tapping em ambas as cordas na 5ª casa. Depois faça um *pull-off* com a pestana, fazendo a corda solta soar, e faça um tapping na 5ª casa novamente. Termine a parte com outro toque percussivo.

Exemplo 7e

Use a mão direita para tocar a seção do exemplo 7f, predominantemente percussiva. Comece executando o som de "baque" (ver exemplo 7a) com o calcanhar da palma da mão, seguido por uma batida com a ponta dos dedos no corpo do violão (exemplo 7b) e então execute outro "baque".

Todos os harmônicos são feitos com tappings.

O último toque percussivo no compasso um é feito através toques com os dedos, na lateral do corpo do violão.

O compasso dois começa da mesma forma, mas possui o dobro de batidas com a ponta dos dedos. Além disso, possui harmônicos feitos com tappings, nas cordas Lá e Ré.

Para tocar o acorde final, na 5ª casa, utilize a mão direita e execute tappings com o dedo **I**, nas cordas Mi (6ª corda) e Lá.

Exemplo 7f

O próximo passo consiste em juntar ambas as mãos. Aqui estão algumas dicas para tocar o exemplo 7g:

_ Tenha consciência de como as duas partes se alinham ritmicamente.

_ Observe que algumas notas serão tocadas simultaneamente com as duas mãos, enquanto outras notas surgem em intervalos de uma nota à outra.

_ Os harmônicos no primeiro compasso são tocados de modo convencional (embora a mão esquerda deva ser usada na posição invertida), com as cordas sendo tocadas com as unhas dos dedos da mão direita.

_ A tercina percussiva é executada com batidas com a ponta dos dedos indicador, anelar e mínimo, no corpo do violão. O toque percussivo seguinte é feito com a mão esquerda, como mostrado no exemplo 7c.

Exemplo 7g

A segunda parte desta seção (exemplo 7h) começa com toques percussivos feitos pela mão direita.

Execute um toque de "bumbo" (como no exemplo 7a), enquanto executa um *hammer-on* com a mão esquerda na corda Mi (6ª corda), na 3ª casa. O *pull-off* seguinte coincide exatamente com o próximo toque de "bumbo", feito pela mão direita.

Toque os harmônicos da 12ª casa com tappings, seguidos por um toque percussivo com a mão esquerda.

Em seguida, o toque percussivo é feito pela mão direita. Depois, use novamente a mão direita para fazer uma pestana e executar tappings na 10ª casa.

No compasso cinco, faça um *pull-off* a partir da pestana e prossiga executando uma série de *hammer-ons* e *pull-offs* com o dedo 1 da mão esquerda, enquanto a mão direita executa os toques percussivos.

Exemplo 7h

A seção seguinte é menos percussiva, consistindo quase inteiramente de tappings.

Exemplo 7i

Observe que há vários momentos onde surgem harmônicos de harpa nesta peça de estudo. Os harmônicos nos compassos quatro e cinco são harmônicos naturais, baseados em cordas soltas, e executados inteiramente com a mão direita, conforme explicado no exemplo 5a.

Exemplo 7j

O exemplo 7k mostra como a próxima seção é construída com a adição de um toque percussivo, na batida 3 com a mão esquerda.

No compasso 32, devem ser executados, simultaneamente, uma pestana com o dedo indicador invertido, na 7ª casa, e um harmônico na 12ª casa, com a mão direita.

O acorde seguinte tocado (indicado por uma linha ondulada vertical) é montado com uma pestana, com o dedo 1, na 8ª casa, e todas as cordas devem ser tocadas com a mão direita (incluindo as cordas soltas).

Exemplo 7k

O acorde de abertura do exemplo 7l é montado com uma pestana na 3ª casa, feita com o dedo 4 da mão esquerda invertido. O dedo 1 deve pressionar a corda Ré, em seguida toque o acorde com a mão direita (por isso o compasso da mão direita está vazio nessa parte).

Permita que os dedos da mão direita se movam livremente para arpejar o acorde.

Em seguida, dedilhe a corda Ré solta com o dedo 2, monte o acorde seguinte com a mão esquerda invertida (usando os dedos 1 e 4) e faça o dedilhado com os dedos **P** e **I**, da mão direita.

Exemplo 7l

O compasso do Coda exige bastante o uso da mão direita, o que faz com que os compassos referentes à mão direita fiquem vazios.

Exemplo 7m

A única parte restante da peça que necessita de alguma clarificação é o padrão rítmico com rápidas tercinas, no Coda.

Faça uma pestana com o dedo 1 da mão esquerda, na posição invertida, na 7ª casa, depois faça um *hammer-on* com o dedo 4, na 5ª casa. A nota da 12ª casa que se segue é tocada com um tapping, feito com a mão direita. Este lick foi quase todo notado nos compassos da mão direita, para torná-lo mais fácil de ler, porém ele deve, definitivamente, ser tocado com ambas as mãos.

Exemplo 7n

Desfiladeiro

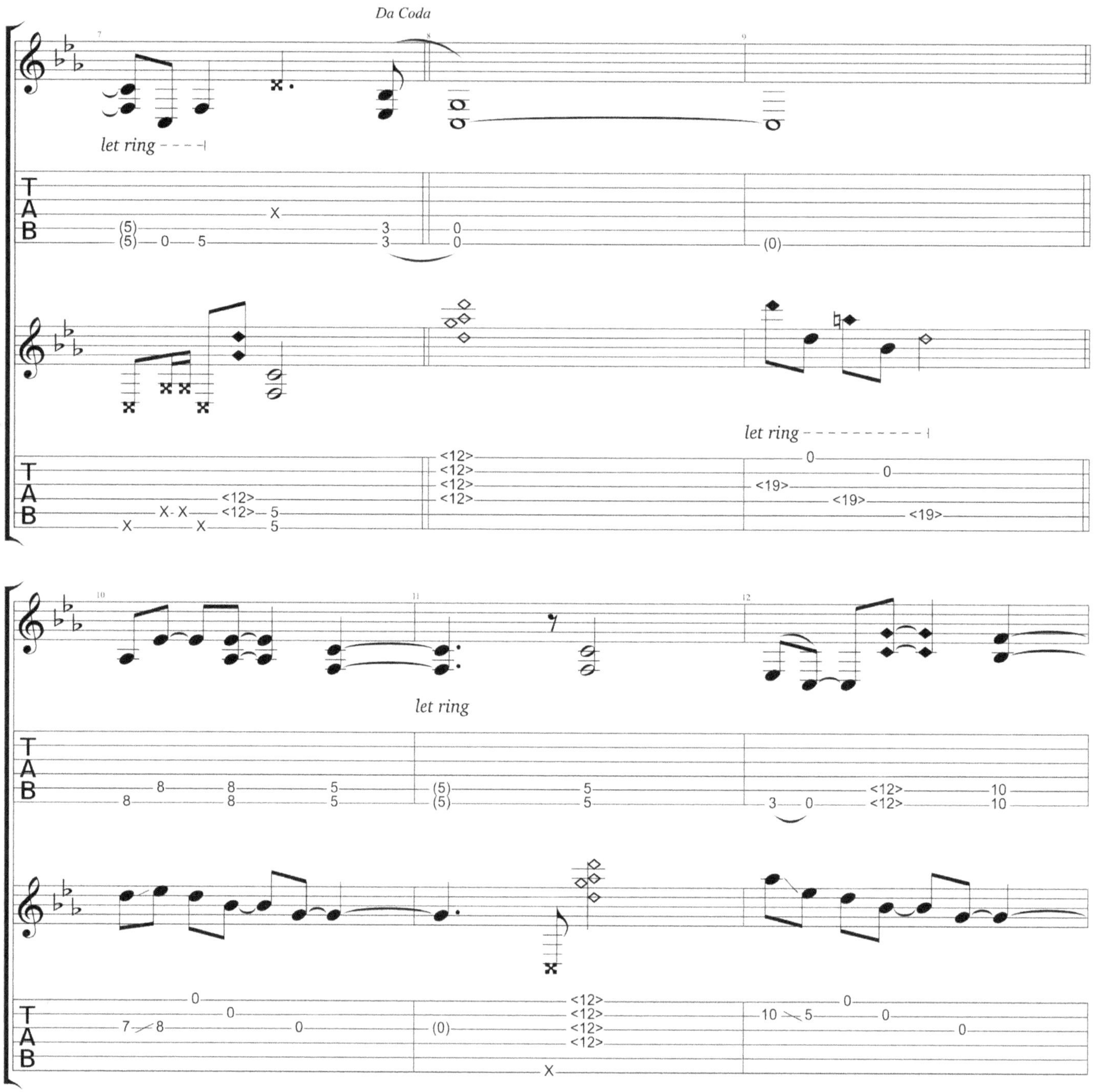
Da Coda
Left
let ring
Right
let ring
let ring

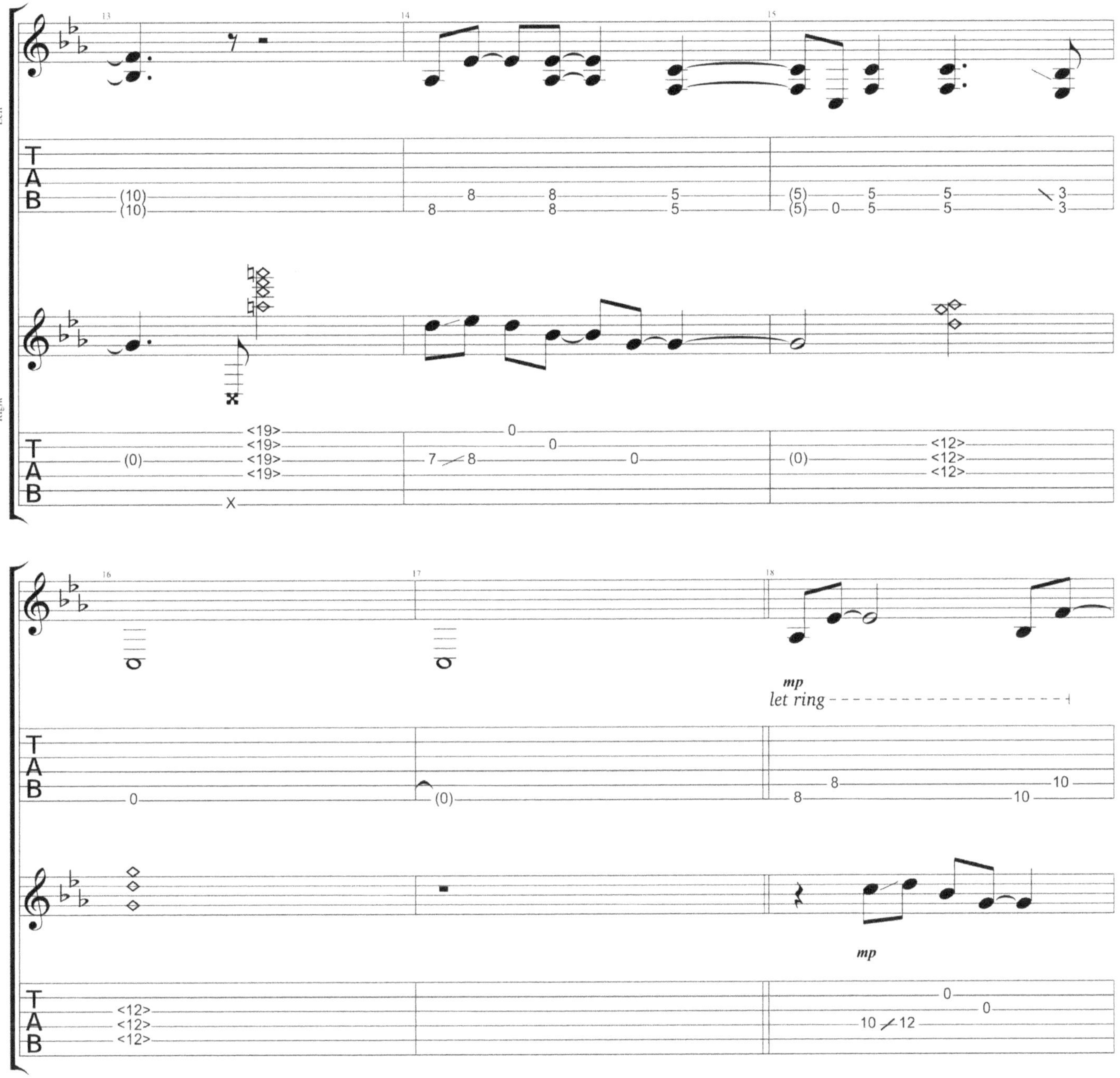
Left
Right
mp
let ring
mp

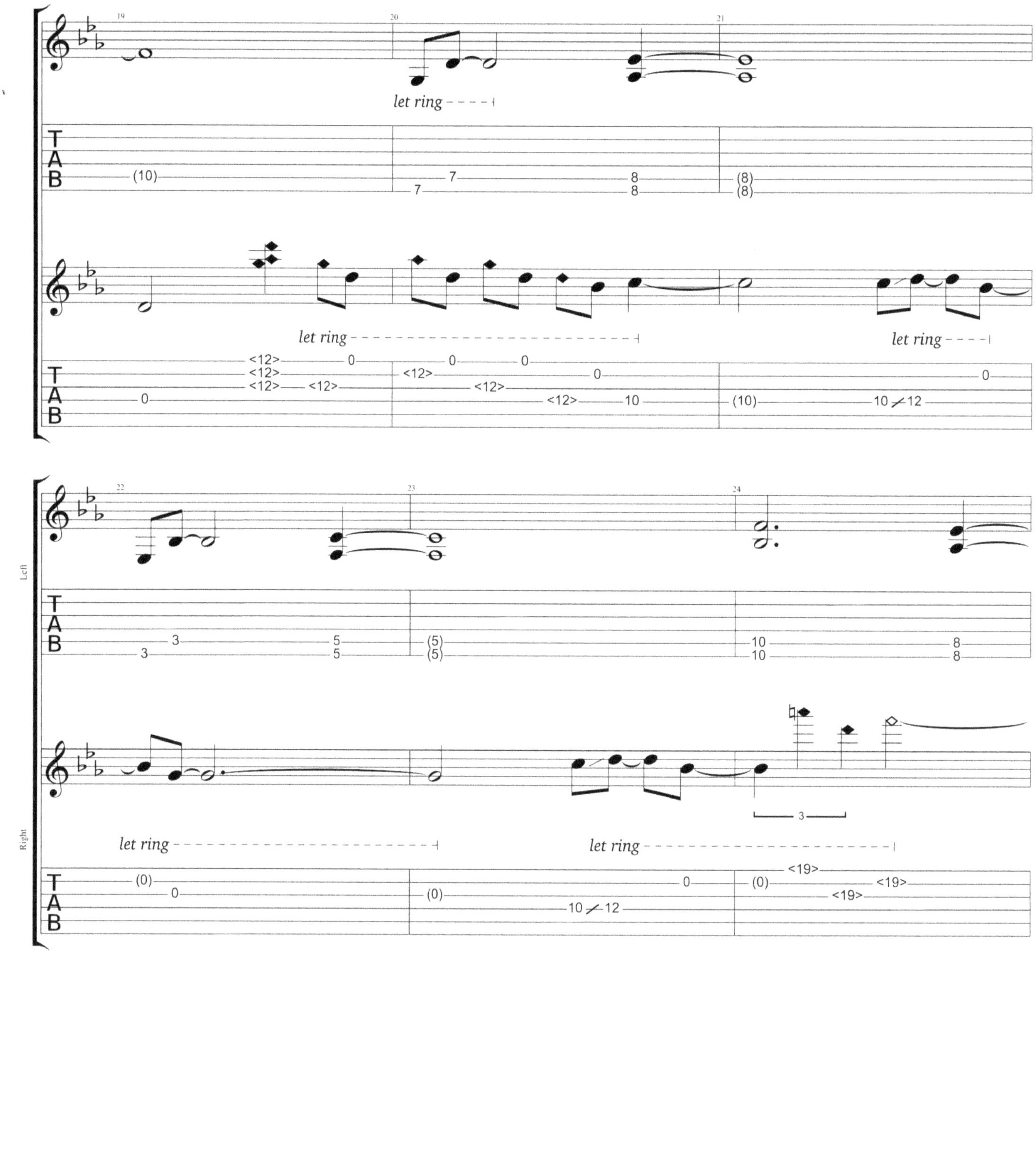
let ring
let ring
let ring
Left
Right
let ring
let ring

mf
let ring
let ring
mf
let ring
let ring
let ring
Left
let ring
Right
let ring

let ring
let ring
let ring
mp
mf
D.S. al Coda
let ring
Left
Right
f
f

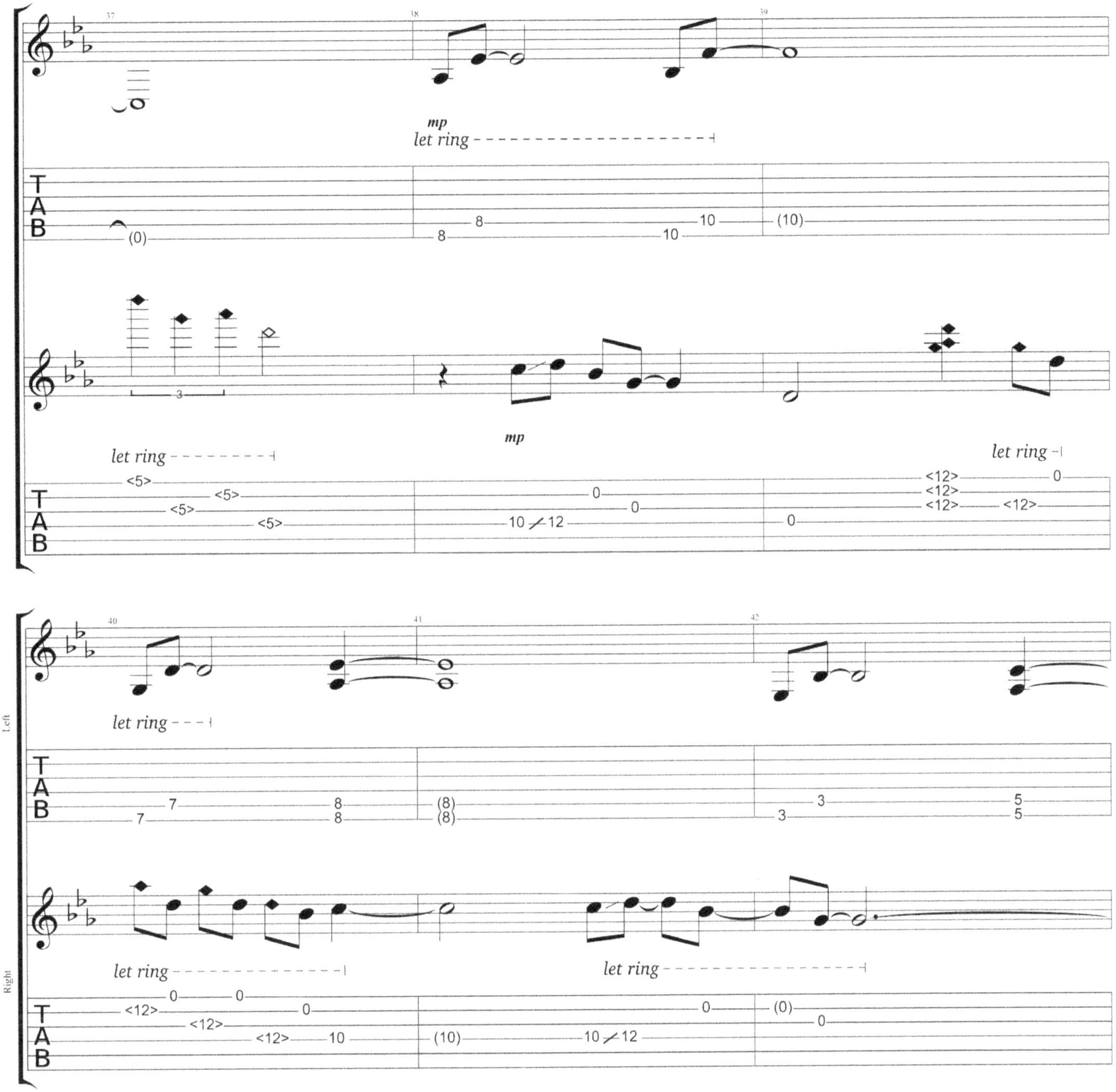
mp
let ring
mp
let ring
let ring
Left
let ring
Right
let ring
let ring

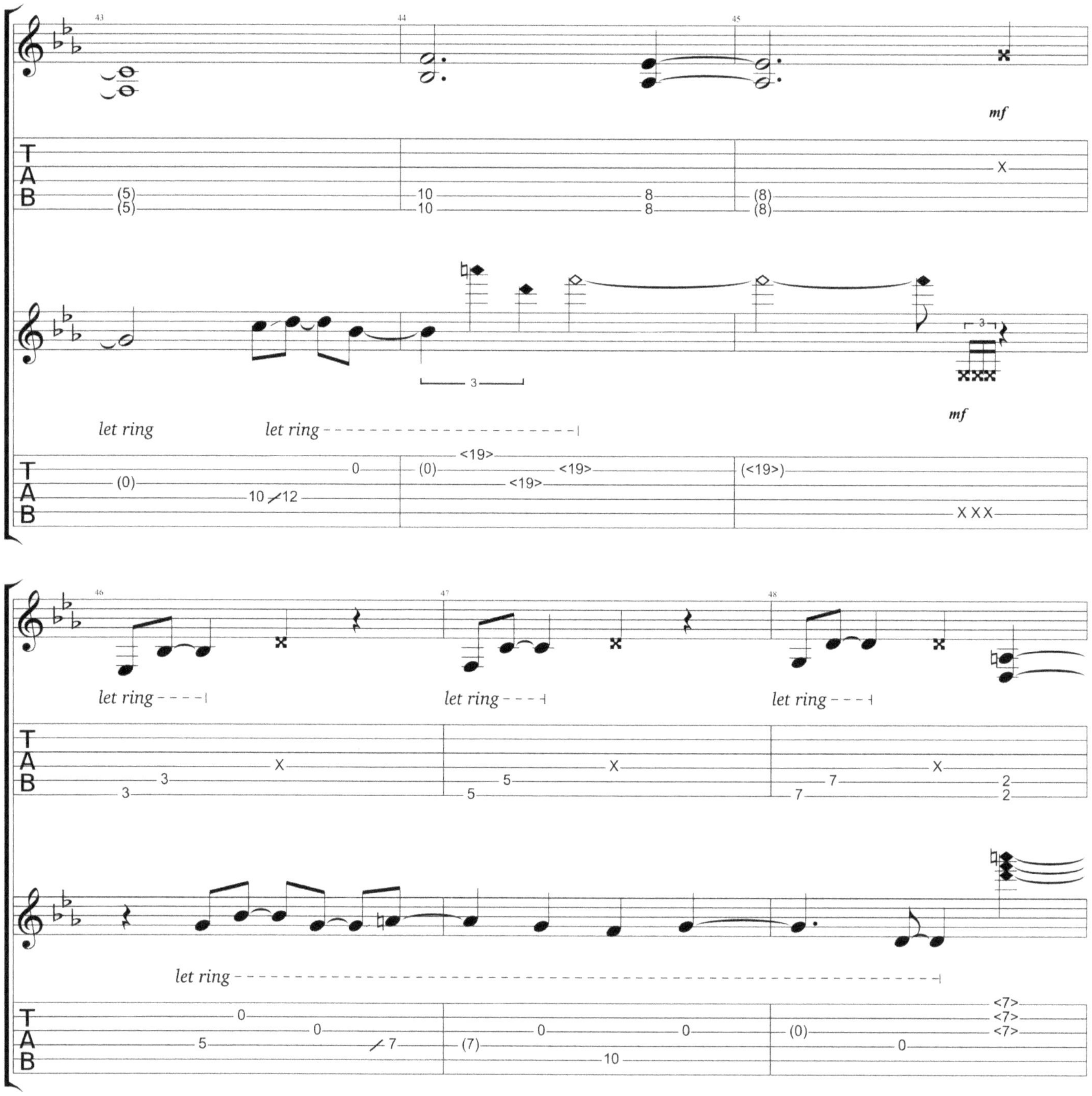
mf
let ring
let ring
mf
let ring
let ring
let ring
let ring

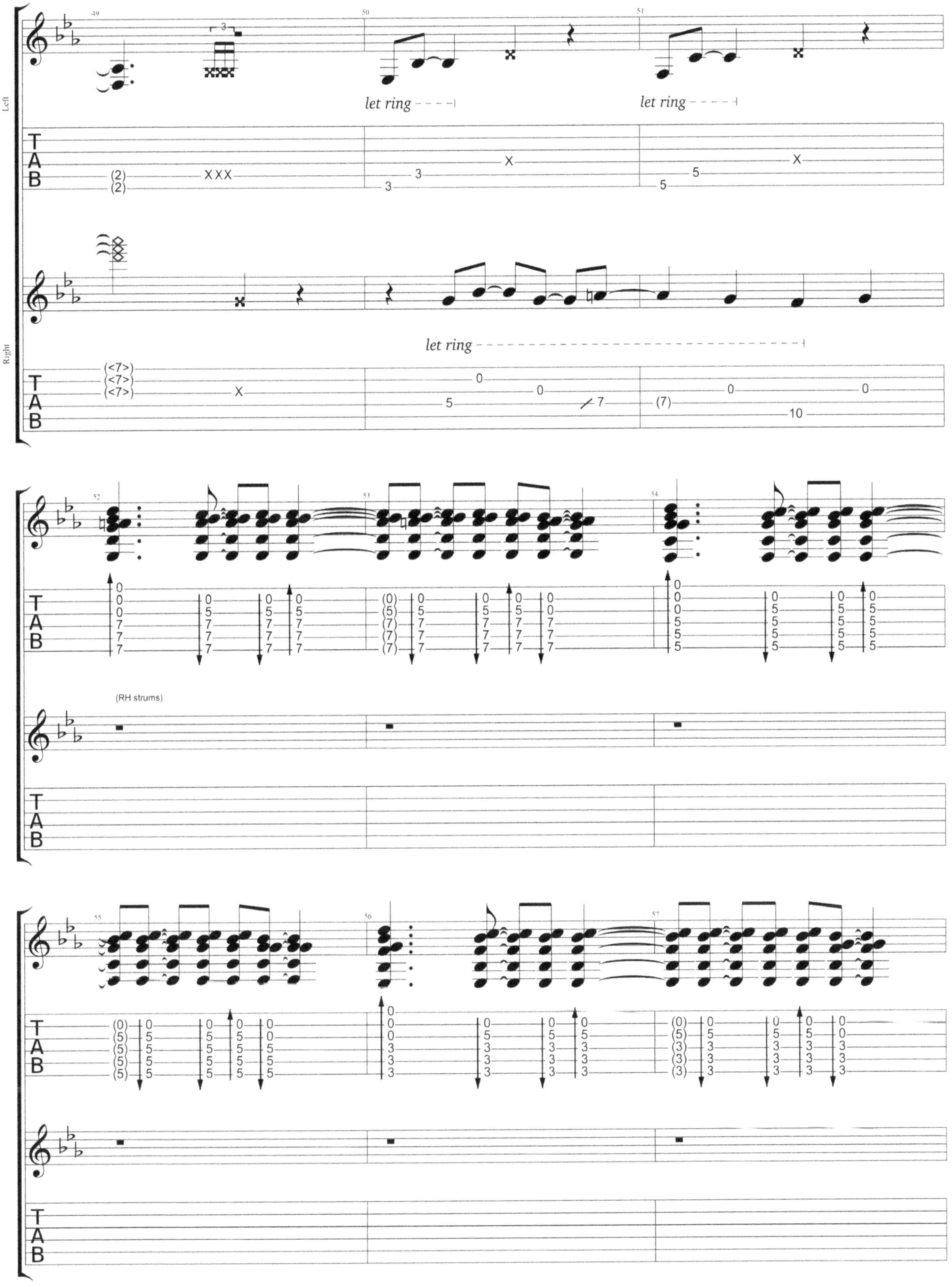
Left
let ring
let ring
Right
let ring
(RH strums)

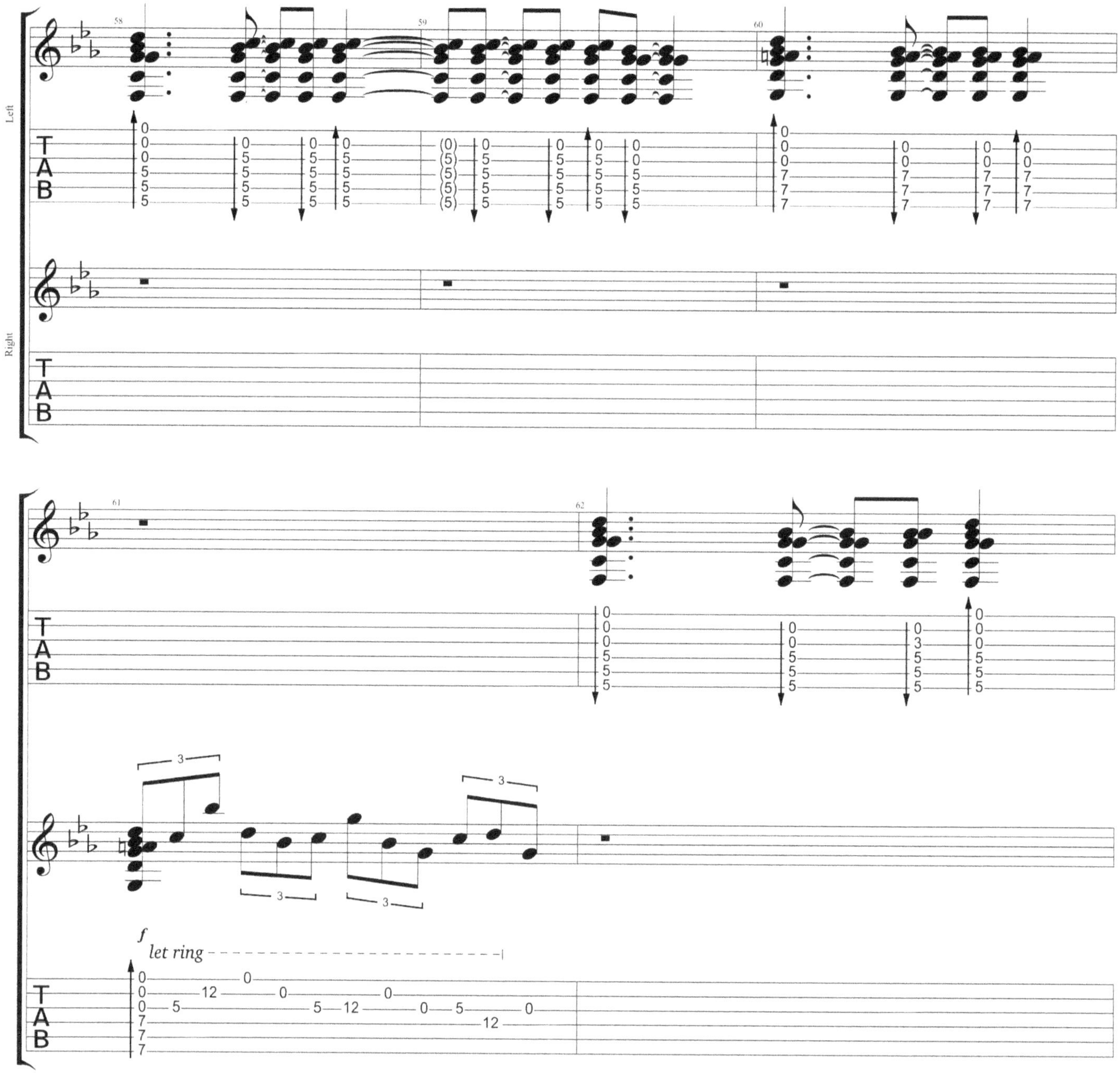
Left
Right
f
let ring

(Harp harmonic effect picked with right hand, chord shape fretted with left)

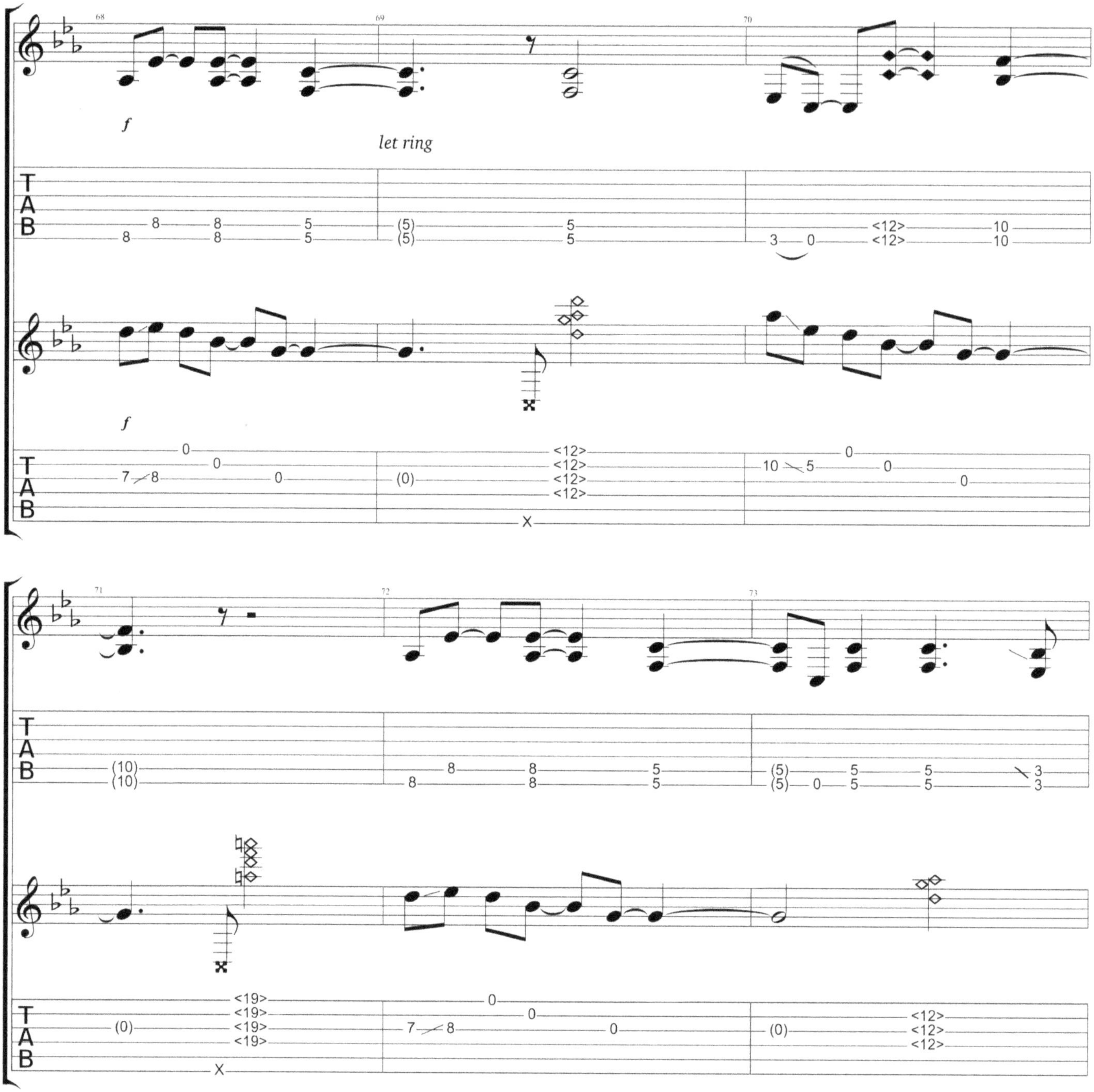
Left
Right
f
let ring
f

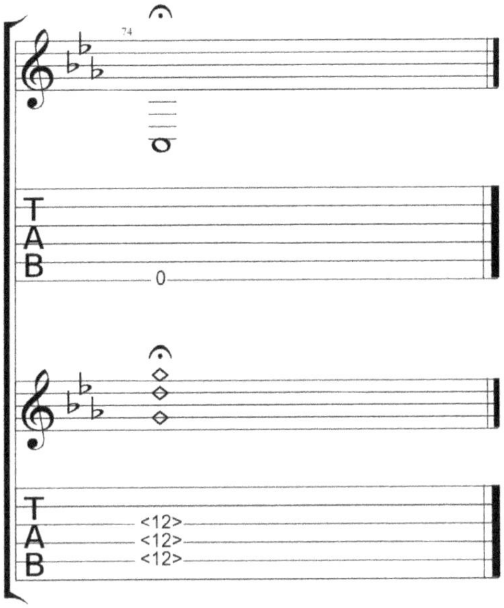
74
T
A
B
0
T
A
B
<12>
<12>
<12>

Capítulo 8 – Arranjos de Solo com Fingerstyle

Já abordamos detalhadamente muitas das desafiadoras técnicas modernas de violão fingerstyle, estudando-as através de exemplos. Agora veremos brevemente o aspecto mais intrigante e útil desse estilo: ser capaz de construir seus próprios arranjos de solo.

Esse é um tópico muito extenso que exigiria um livro especialmente dedicado a ele, logo a sua abordagem não poderá ser completa. No entanto, quero dar-lhe algumas dicas que irão lhe dar a base para você montar os seus próprios arranjos de solos.

A música selecionada foi *Danny Boy*, uma música popular, para demonstrar como você pode selecionar uma música e começar a desenvolver um arranjo de fingerstyle moderno para violão.

Você pode assistir aos vídeos desta peça e de todos os exemplos anteriores em: **http://geni.us/acousticvids**

O exemplo 8a deve ser tocado na afinação padrão.

Exemplo 8a

O próximo passo é conseguir uma harmonia que acompanhe a melodia. A maneira mais simples de consegui-la é com a adição de acordes sustentados nas cordas graves, com a melodia nas cordas agudas, para criar um arranjo simples, composto de acorde e melodia.

Exemplo 8b

Talvez você ache os acordes a seguir fáceis e um pouco chatos. Ademais, eles não têm boa sustentação com a melodia, visto que a melodia e os acordes se chocam. Tudo isso torna a peça musical desarrumada e não muito bem estruturada.

Assim, quais são as possíveis soluções? A seguir, temos algumas delas:

- Alterar a oitava da melodia ou dos acordes, para que eles não se choquem tanto uns com os outros.

- Alterar a tonalidade para que se possa fazer melhor uso cordas soltas para executar notas graves ou fazer melhor uso delas para executar harmônicos naturais, nas notas melódicas, por exemplo.

- Alterar a afinação do violão, para que tenhamos mais opções de notas. Por exemplo, escolher uma afinação que tenha a corda Mi (E) grave afinada em C.

- Combinar as opções acima sugeridas.

Sempre tento utilizar pelo menos uma das soluções acima, mas, como o objetivo é alterar os acordes e adicionar algumas substituições de acordes (para tornar a harmonia mais musical), usaremos a afinação padrão, para que você veja como esse processo é feito.

No exemplo 8c, utilizamos as seguintes soluções:

- Foi adicionada uma linha cromática descendente (C, Cmaj7, C7), na harmonia em C maior, para criar mais interesse musical.

–   Parte da melodia foi harmonizada com o uso de sextas.

–   Foi utilizado o *"back cycling"* (técnica de tocar ao contrário o Círculo de Quintas, para rearmonizar uma harmonia que soaria, de outra forma, estática e desinteressante. Assim, chegamos no acorde desejado (D7), mas de forma mais interessante.

–   A digitação também foi alterada (ver o compasso um) para permitir que as notas soem juntas. Além disso, foi adicionado um ornamento no penúltimo compasso.

Exemplo 8c

Agora é hora de utilizarmos uma afinação alternativa — neste caso, a DADGAD. O arranjo foi transporto para D maior, para extrair o máximo das cordas soltas e dos harmônicos naturais na afinação DADGAD. Também foram adicionados alguns ornamentos, que são possíveis graças à referida afinação.

Afine o seu violão e execute o exemplo a seguir.

Exemplo 8d (afinação DADGAD)

Agora, dê uma olhada em todo o arranjo.

Seja cuidadoso, quando for executar os harmônicos insólitos, no último compasso. Você precisará posicionar o dedo **I** da mão direita na 16ª casa, enquanto mantém pressionadas as notas da 4ª casa, com a mão esquerda. Em seguida, use a unha do dedo **A** para dedilhar as cordas. Arraste os dois dedos (**I** e **A**), paralelamente um ao outro, sobre as cordas, partindo das mais agudas para as mais graves, para obter os harmônicos.

Danny Boy

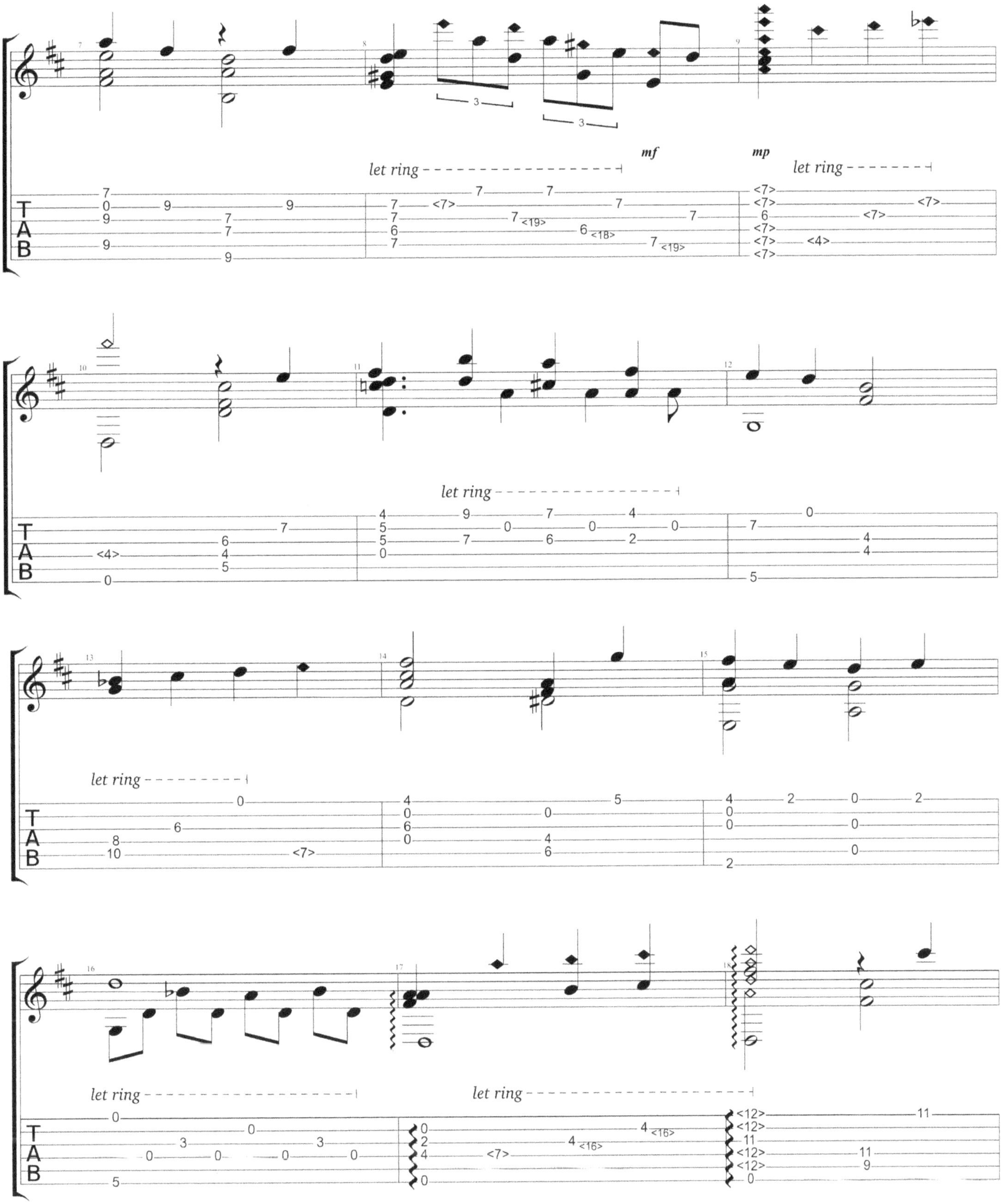
let ring
mf
mp
let ring
TAB
let ring
TAB
let ring
TAB
let ring
let ring
TAB

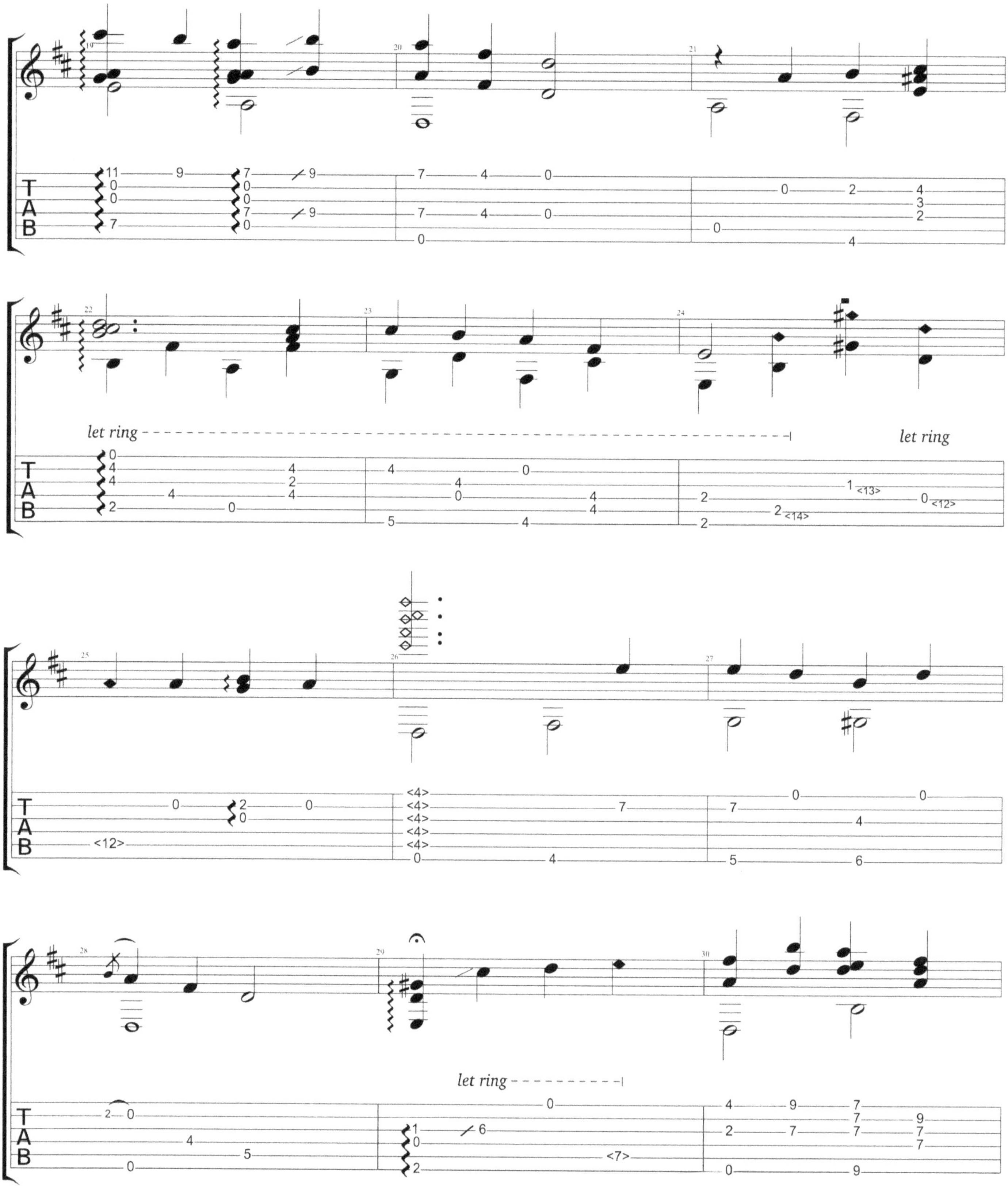
let ring
let ring
let ring

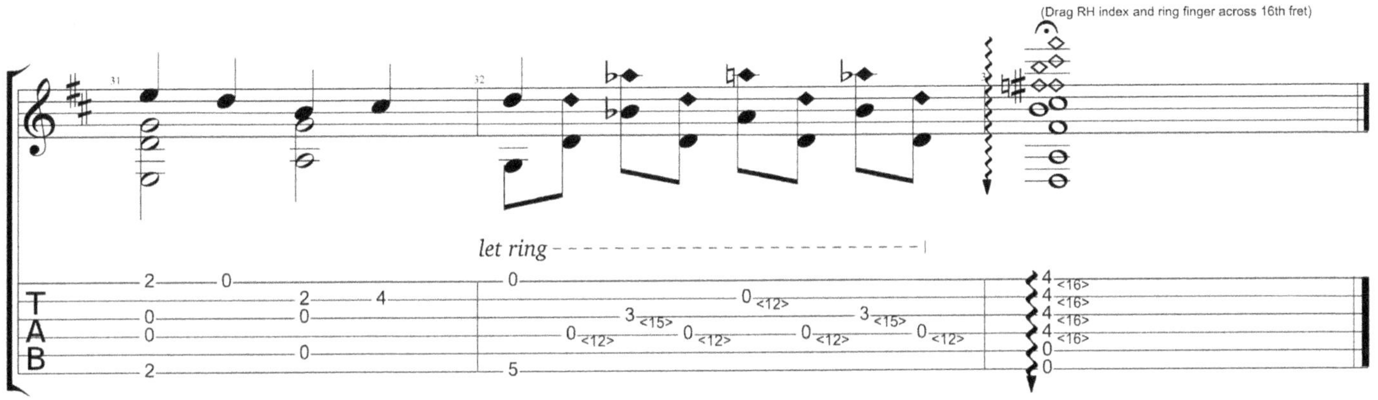
(Drag RH index and ring finger across 16th fret)
let ring

Conclusão

O "violão fingerstyle moderno" é uma forma técnica em expansão, que exige o domínio de várias outras técnicas. Neste livro, o objetivo foi lhe mostrar as técnicas *essenciais* de violão fingerstyle e dar-lhe um entendimento sobre como executá-las da forma correta. Muitas dessas técnicas levarão muito tempo para serem aperfeiçoadas, portanto não se preocupe, se você sentir que o seu progresso está sendo lento.

Além dos exemplos inclusos, espero que as peças em si lhe ajudem a desenvolver a coordenação dos dedos, exigida para tocar o violão fingerstyle — ademais, as peças em si são muito agradáveis de tocar.

Lembre-se, se você sentir muita dificuldade em uma técnica específica, execute-a lentamente e em partes. Isso irá lhe ajudar a superar as dificuldades e a dominar a técnica em questão.

Acima de tudo, aproveite os ensinamentos deste livro e continue aprendendo coisas novas.

Divirta-se!

Daryl.

Outros Livros da Fundamental Changes

100 Licks Clássicos de Country Para Guitarra

Técnica Completa de Guitarra Moderna

Guitarra Country Para Iniciantes

Técnicas de Solos Para Guitarra Country

Dominando a Guitarra Funk

Acordes de Guitarra Contextualizados

Guitar Finger Gym

Escalas de Guitarra Contextualizadas

Dominando Leitura de Notação na Guitarra

O Sistema CAGED e 100 Licks de Guitarra Blues

Método Completo de Violão DADGAD

O Guia Completo para Tocar Blues na Guitarra: Livro Um - Guitarra Base

O Guia Completo para Tocar Blues na Guitarra: Livro Três - Além das Pentatônicas

O Guia Completo para Tocar Blues na Guitarra: Livro Dois: Frases Melódicas

O Guia Completo para Tocar Blues na Guitarra - Compilação

O Livro Completo de Técnica, Teoria e Escalas - Compilação

Método de Guitarra Country Dedilhada

Método Completo de Guitarra Country - Compilação

Guia Prático De Teoria Musical Moderna Para Guitarristas

Guitarra Neo-Soul

Guitarra Delta Blues - Técnicas de Slide

www.ingramcontent.com/pod-product-compliance
Lightning Source LLC
Chambersburg PA
CBHW081427090426
42740CB00017B/3211